FLORES de PAPEL

100 PROYECTOS SENCILLOS

ELFOS

Kelsey Elam

ELFOS
EDICIONES

Título original *100 Simple Paper Flowers*

Edición Susan Kelly, Sophie Collins, Caroline Earle
Dirección creativa y artística Michael Whitehead,
Wayne Blades
Diseño e ilustración Evelin Kasikov
Fotografía Neal Grundy
Traducción Remedios Diéguez Diéguez
Coordinación de la edición en lengua española
Cristina Rodríguez Fischer

Primera edición en lengua española 2017

© 2017 Naturart, S.A. Editado por BLUME
Carrer de les Alberes, 52, 2°, Vallvidrera
08017 Barcelona
Tel. 93 205 40 00 e-mail: info@blume.net
© 2016 The Ivy Press Ltd, East Sussex

ISBN: 978-84-16138-91-3

Impreso en China

Introducción

Crear flores de papel representa una extraordinaria vía para la creatividad al tiempo que se explora una de las maravillas del mundo natural. Cualquiera puede disfrutar de esta afición creativa y hermosa que, además, se puede compartir con amigos y familiares. Los ramos hechos a mano son regalos, recuerdos y decoraciones estupendos.

Empecé a crear flores de papel porque buscaba un modo personal de hacer regalos para mis seres queridos. Descubrí que disfrutaba captando la esencia de una flor en papel, recreando el impresionante espectro de colores y detalles de la naturaleza. Cada flor de papel que creo está elaborada con amor, pero también con atención al color y a la forma. Me gusta exagerar los rasgos que más me gustan en mis flores, y le animo a que haga lo mismo.

Las flores de papel pueden resultar sorprendentemente realistas, y ofrecen un precioso modo de alegrar la casa o como decoración para una boda, un bautizo o cualquier otra celebración. Yo las utilizo a menudo para dar un toque muy especial a los envoltorios de mis regalos. Cada flor se elabora delicadamente a mano con papel de seda teñido, blanqueado y pintado, así como con otros papeles y fibras que se pueden incorporar al diseño para añadir efectos y texturas interesantes. La mayoría de papeles utilizados proceden de envoltorios de regalos y material de embalaje. En cuanto a las herramientas, es más que probable que ya tenga en casa lo necesario. Si no es así, las encontrará fácilmente en papelerías o en internet.

Este libro incluye un centenar de mis flores favoritas y cuatro proyectos con flores. Se divide en tres secciones: una preciosa selección de propuestas, una sección de técnicas y un apartado de plantillas. Disfrute hojeando las propuestas y eligiendo la flor que desee elaborar. Cada flor incluye una lista de materiales y de técnicas para crearla. Encontrará las instrucciones precisas para cada método en el capítulo dedicado a las técnicas. A medida que vaya dominando esas técnicas, distinguirá de un vistazo las etapas o técnicas empleadas y podrá experimentar con diferentes colores, formas y arreglos. Dé rienda suelta a su imaginación.

Kelsey Elam

Cómo se utiliza este libro

Galería

Cien flores fotografiadas en todo su esplendor, así como cuatro proyectos especiales, con una imagen completa para cada uno. Cada flor va acompañada de una lista de materiales y otra de técnicas, indicadas en el orden que debe ponerlas en práctica. Consulte el capítulo de las plantillas para conseguir la forma correcta, y la sección de las técnicas para conocer las instrucciones detalladas.

Técnicas

Las técnicas se organizan en 13 categorías generales, desde pintar papel hasta sujetar hojas. Cada categoría incluye instrucciones sencillas de cada paso del proceso para la flor que esté elaborando.

Plantillas

Al final del libro encontrará todas las plantillas necesarias para las hojas, los pétalos y otras partes de las flores. Cada plantilla aparece en su tamaño real y está numerada; hallará el número de página donde se encuentra la plantilla en la lista de materiales de cada flor.

Anatomía de una flor

Las flores de papel se componen de capas que empiezan en el centro de la pieza y van bajando por el tallo. Existen varias técnicas para crear cada parte de una flor de papel; cuando se combinan, permiten crear numerosas variedades de flores.

Centro y estambre

La mayoría de las flores de papel se empiezan por el centro o el estambre. Los centros se sujetan directamente al tallo floral de alambre y se pueden crear con papel de seda o pinocho, con plastilina (el tallo se presiona contra la plastilina húmeda), bolitas de algodón cubiertas de papel, bastoncillos de algodón cubiertos de papel, cortados por la mitad y sujetos con cinta al alambre, o con pepitas o semillas preparadas.

Pétalos

Se crean con papel de seda o pinocho, y admiten todas las variaciones imaginables de textura y color. En general se crean cortando formas individuales, aunque también puede preparar pétalos «continuos», que permanecen conectados en la parte inferior del papel. Los pétalos se pueden arrugar, plegar, doblar, rizar y ahuecar para imitar las formas de los pétalos naturales.

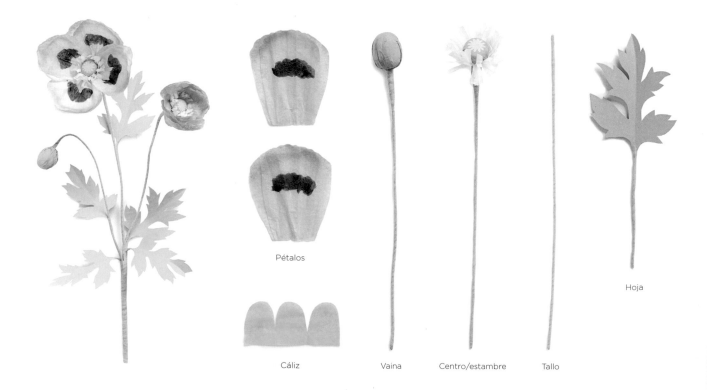

Pétalos

Cáliz

Vaina

Centro/estambre

Tallo

Hoja

Cáliz y sépalos

El cáliz se forma con los sépalos situados inmediatamente debajo de los pétalos. Es un elemento opcional para crear una flor más detallada y realista.

Hojas

Las hojas se pueden elaborar con papel de seda o cartulina. Se sujetan directamente al tallo principal o pueden tener sus propios tallos. Algunas variedades de follaje cuentan con detalles añadidos con pintura, tinta o un acabado brillante.

Zarcillos

Los zarcillos aportan un divertido elemento a varias flores de este libro. Se pueden manipular para conseguir diversos efectos, desde bucles apretados como los de un sacacorchos hasta rizos silvestres que apuntan en todas las direcciones.

Bayas, brotes y vainas

Se crean con plastilina, bolitas de algodón o papel, y aportan interés visual a cualquier tallo o arreglo. Los brotes y las vainas son opcionales, pero aportan realismo a las creaciones en papel.

Tallos

Constituyen el sistema de soporte de las flores. Se elaboran con alambre floral, que se presenta en diferentes calibres y está cubierto con tiras de papel de seda o cinta de floristería.

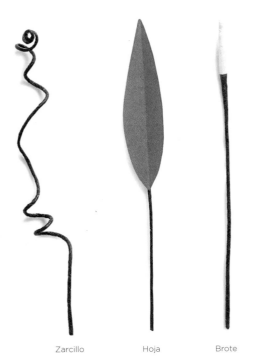

Zarcillo   Hoja   Brote

Pétalos

100
flores
de papel

Geranio

MATERIALES:

- 8 estambres individuales de color rosa en 8 tallos de alambre de 11 cm de largo y 0,65 mm de grosor.

- 5 alambres de 11 cm de largo y 0,65 mm de grosor para los tallos de las hojas.

- 1 alambre de 30 cm de largo y 1 mm de grosor para el tallo principal.

- Papel de seda verde: 1 tira de 38 x 1,2 cm para el tallo principal y 13 tiras de 15 x 1,2 cm para los tallos pequeños.

- Papel de seda rojo: 16 piezas para los pétalos, 2 piezas para los pétalos por cada flor pequeña (plantilla de pétalo 48, pág. 187).

- Cartulina verde: 5 hojas (plantillas de hoja 15 y 17, pág. 171).

TÉCNICAS:

- **5:** crear centros. Estambre individual (coloque el estambre con la parte bulbosa directamente encima del alambre y sujete a este todo el filamento blanco).

- **4:** arreglar pétalos. Agujereado (sujete los pétalos en el extremo del alambre, en torno a la parte inferior del estambre).

- **3:** pintar papel. Pinte las hojas de cartulina.

- **7:** crear hojas. Hojas de cartulina.

- **10:** cubrir tallos.

- **12:** sujetar tallos adicionales. Ramillete: prepare dos ramilletes, uno más grande con cinco flores en la parte superior del alambre principal y uno más pequeño con tres flores sujeto a aproximadamente 10 cm de la parte superior del tallo principal.

- **13:** arreglar hojas y tallos.

Hortensia

MATERIALES:

- 10 estambres individuales de color azul claro en 10 tallos de alambre de 11 cm de largo y 0,65 mm de grosor.

- 2 alambres de 11 cm de largo y 0,65 mm de grosor para los tallos de las hojas.

- 1 alambre de 23 cm de largo y 1 mm de grosor para el tallo principal.

- Papel de seda verde: 1 tira de 30 x 1,2 cm para el tallo principal, 12 tiras de 15 x 1,2 cm para los tallos pequeños.

- Papel de seda de color verde azulado: 20 pétalos, 2 pétalos por cada flor pequeña (plantilla de pétalo 48, pág. 187).

- Cartulina verde: 2 hojas (plantilla de hoja 34, pág. 175).

TÉCNICAS:

- **5:** crear centros. Estambre individual (coloque el estambre con la parte bulbosa directamente encima del alambre y sujete a este todo el filamento blanco).

- **4:** arreglar pétalos. Agujereado (sujete los pétalos en el extremo del alambre, en torno a la parte inferior del estambre).

- **7:** crear hojas. Hojas de cartulina.

- **10:** cubrir tallos.

- **12:** sujetar tallos adicionales. Ramillete.

- **13:** arreglar hojas y tallos.

Rododendro

MATERIALES:

- 6 estambres triples de color amarillo en 6 tallos de alambre de 11 cm de largo y 0,8 mm de grosor.
- 6 alambres de 11 cm de largo y 0,8 mm de grosor para los tallos de las hojas.
- 1 alambre de 23 cm de largo y 1 mm de grosor para el tallo principal.
- Papel de seda verde: 1 tira de 30 x 1,2 cm para el tallo principal, 12 tiras de 15 x 1,2 cm para los tallos pequeños.
- Papel de seda de color azul claro sumergido en tinte azul claro: 48 piezas para los pétalos, 4 pétalos dobles por cada flor pequeña (plantilla de pétalo 47, pág. 187).
- Cartulina verde: 6 hojas (plantilla de hoja 35, pág. 175).

TÉCNICAS:

- **1:** teñir papel. Teñir papel de seda de color.
- **5:** crear centros. Estambre múltiple.
- **4:** arreglar pétalos. Arrugar.
- **8:** sujetar pétalos. Pétalos dobles (disponer 4 pétalos dobles de manera regular en torno a cada uno de los 6 centros para crear las flores pequeñas).
- **7:** crear hojas. Hojas de cartulina.
- **10:** cubrir tallos.
- **12:** sujetar tallos adicionales. Ramillete (sujetar las 6 hojas directamente por debajo del ramillete, uniendo cada tallo a la misma altura).
- **13:** arreglar hojas y tallos.

Azalea

MATERIALES:

- 6 estambres triples de color amarillo claro en 6 tallos de alambre de 11 cm de largo y 0,8 mm de grosor.

- 3 alambres de 11 cm de largo y 0,8 mm de grosor para los tallos de las hojas.

- 1 alambre de 23 cm de largo y 1 mm de grosor para el tallo principal.

- Papel de seda verde claro: 1 tira de 30 x 1,2 cm para el tallo principal, 9 tiras de 15 x 1,2 cm para los tallos pequeños.

- Papel de seda de color melocotón sumergido en lejía: 24 piezas para los pétalos, 4 piezas por cada flor pequeña (plantilla de pétalo 47, pág. 187).

- Cartulina verde claro: 3 hojas (plantilla de hoja 35, pág. 175).

TÉCNICAS:

- **2:** blanquear el papel.

- **5:** crear centros. Estambre múltiple.

- **4:** arreglar pétalos. Arrugar.

- **8:** sujetar pétalos. Pétalos sencillos.

- **10:** cubrir tallos.

- **7:** crear hojas. Hojas de cartulina.

- **12:** sujetar tallos adicionales. Ramillete.

- **13:** arreglar hojas y tallos.

Peonía Misaka Itoh

MATERIALES:

- 1 centro compuesto por tres bastoncillos de algodón en un tallo de alambre de 23 cm de largo y 1 mm de grosor.

- 2 alambres de 11 cm de largo y 0,8 mm de grosor para los tallos de las hojas.

- Papel de seda verde claro: 3 piezas de 5 x 5 cm para los centros con los bastoncillos, 1 tira de 30 x 1,2 cm para el tallo, 2 tiras de 15 x 1,2 cm para los tallos de las hojas.

- Papel de seda amarillo dorado: 1 pieza de 7,5 x 12 cm para el centro mediano con flecos.

- Papel de seda amarillo claro sumergido en agua: 10 pétalos pequeños, 10 pétalos medianos y 10 pétalos grandes emparejados para crear 5 pétalos dobles de cada tamaño (plantillas de pétalo 16, 17 y 18, pág. 182).

- Cartulina verde claro: 2 hojas (plantillas de hoja 45 y 46, pág. 176).

TÉCNICAS:

- **3:** pintar papel. Pintar los pétalos individuales.

- **3:** pintar papel. Pintar toques de color en el centro.

- **5:** crear centros. Centro con tres bastoncillos de algodón.

- **5:** crear centros. Centro mediano con flecos.

- **4:** arreglar pétalos. Arrugar y plegar todos los pétalos.

- **8:** sujetar pétalos. Pétalos dobles (disponga los pétalos dobles pequeños de manera uniforme en torno al centro con flecos y después añada los pétalos medianos, seguidos de los dobles grandes, también repartidos de manera uniforme).

- **7:** crear hojas. Hojas de cartulina.

- **10:** cubrir tallos.

- **12:** sujetar tallos adicionales. Flor sencilla.

- **13:** arreglar hojas y tallos.

Peonía «Pink Hawaiian Coral»

MATERIALES:

- 1 centro compuesto por tres bastoncillos de algodón en un tallo de alambre de 23 cm de largo y 1 mm de grosor.
- 2 alambres de 11 cm de largo y 0,8 mm de grosor para los tallos de las hojas.
- Papel de seda verde claro: 3 piezas de 5 x 5 cm para los centros con los bastoncillos, 1 tira de 30 x 1,2 cm para el tallo, 2 tiras de 15 x 1,2 cm para los tallos de las hojas.
- Papel de seda amarillo dorado: 1 pieza de 7,5 x 12 cm para el centro mediano con flecos.
- Papel de seda rosa fuerte sumergido en lejía: 10 pétalos pequeños y 10 pétalos grandes emparejados para crear 5 pétalos dobles de cada tamaño (plantillas de pétalo 16 y 18, pág. 182).
- Cartulina verde claro: 2 hojas (plantillas de hoja 45 y 46, pág. 176).

TÉCNICAS:

- **2**: blanquear papel (sumergirlo en lejía).
- **5**: crear centros. Centro con tres bastoncillos de algodón.
- **3**: pintar papel. Toques de color en el centro.
- **5**: crear centros. Centro mediano con flecos.
- **4**: arreglar pétalos. Arrugar y plegar todos los pétalos.
- **8**: sujetar pétalos. Pétalos dobles (disponga los pétalos dobles pequeños de manera uniforme en torno al centro con flecos y después añada los pétalos dobles grandes, también repartidos de manera uniforme).
- **7**: crear hojas. Hojas de cartulina.
- **10**: cubrir tallos.
- **12**: sujetar tallos adicionales. Flor sencilla.
- **13**: arreglar hojas y tallos.

Peonía china

MATERIALES:

- 1 alambre de 23 cm de largo y 1 mm de grosor para el tallo principal.
- 2 alambres de 11 cm de largo y 0,8 mm de grosor para los tallos de las hojas.
- Papel de seda verde claro: 1 tira de 30 x 1,2 cm para el tallo, 2 tiras de 15 x 1,2 cm para los tallos de las hojas.
- Papel de seda blanco: 4 piezas con flecos para los pétalos del centro (plantilla de pétalo 19, pág. 183).
- Papel de seda amarillo: 1 pieza con flecos para el pétalo del centro (plantilla de pétalo 19, pág. 183).
- Papel de seda amarillo pintado con rayas rojas: 1 pieza con flecos para el centro (plantilla de pétalo 19, pág. 183).
- Papel de seda rosa claro: 10 pétalos pequeños y 10 pétalos grandes emparejados para crear 5 pétalos dobles de cada tamaño (plantillas de pétalo 16 y 18, pág. 182).
- Cartulina verde claro: 2 hojas (plantillas de hoja 45 y 46, pág. 176).

TÉCNICAS:

- **3:** pintar papel. Rayas de pintura acrílica para una pieza de papel de seda amarillo.
- **1:** teñir papel. Utilizar agua para el resto de pétalos.
- **4:** arreglar pétalos. Arrugar los centros con flecos y plegar los pétalos de color rosa.
- **8:** sujetar pétalos. Pétalos continuos para los centros con flecos (sujetar las 6 piezas de manera que el color se reparta aleatoriamente).
- **9:** sujetar pétalos. Pétalos dobles para los pétalos de color rosa (disponga los pétalos dobles pequeños de manera uniforme en torno al centro con flecos y después añada los pétalos dobles grandes, también repartidos de manera uniforme).
- **10:** cubrir tallos.
- **7:** crear hojas. Hojas de cartulina.
- **12:** sujetar tallos adicionales. Flor sencilla.
- **13:** arreglar hojas y tallos.

Dalia Dinnerplate

MATERIALES:

- 1 alambre de 23 cm de largo y 1 mm de grosor para el tallo principal.
- 2 alambres de 11 cm de largo y 0,8 mm de grosor para los tallos de las hojas.
- Papel de seda verde claro: 1 tira de 30 x 1,2 cm para el tallo, 2 tiras de 15 x 1,2 cm para los tallos de las hojas.
- Papel de seda amarillo dorado o naranja claro: 1 pieza de 7,5 x 25 cm para el centro grande con flecos.
- Papel de seda negro, papel de seda blanco con rayas pintadas de color fucsia, o papel de seda melocotón sumergido en lejía: de 6 a 8 piezas para los pétalos (plantilla de pétalo 54, pág. 189).
- Cartulina verde claro: 2 hojas (plantilla de hoja 42, pág. 176).

TÉCNICAS:

- **1:** teñir papel. Utilizar agua para la dalia negra.
- **2:** blanquear papel. Sumergirlo en lejía para la dalia de color melocotón.
- **3:** pintar papel. Rayas con acuarela o tinta acrílica de color fucsia para la dalia blanca.
- **5:** crear centros. Centro grande con flecos.
- **4:** arreglar pétalos. Arrugarlos.
- **8:** sujetar pétalos. Pétalos continuos (disponga tres o cuatro capas de pétalos distribuidos de manera aleatoria pero regular, trabajando con dos piezas de pétalos por capa).
- **7:** crear hojas. Hojas de cartulina.
- **10:** cubrir tallos.
- **12:** sujetar tallos adicionales. Flor sencilla.
- **13:** arreglar hojas y tallos.

Dalia doble

MATERIALES:

- 2 alambres de 23 cm de largo y 0,8 mm de grosor para los tallos.
- 1 alambre de 11 cm de largo y 0,8 mm de grosor para el tallo de la hoja.
- Papel de seda verde: 2 tiras de 30 x 1,2 cm para los tallos, 1 tira de 15 x 1,2 cm para el tallo de la hoja.
- Papel de seda amarillo: 2 piezas de 7,5 x 12 cm para 2 centros medianos con flecos.
- Papel de seda blanco con rayas pintadas de color rojo: 8 piezas pequeñas para los pétalos, 4 piezas por flor, y 4 piezas grandes para la flor grande (plantillas de pétalo 49 y 50, pág. 188).
- Cartulina verde: 1 hoja (plantilla de hoja 42, pág. 176).

TÉCNICAS:

- **3:** pintar papel. Rayas con pintura acrílica.
- **5:** crear centros. Centro mediano con flecos.
- **4:** arreglar pétalos. Arrugarlos.
- **8:** sujetar pétalos. Pétalos continuos (disponga cuatro piezas pequeñas distribuidas de manera regular alrededor de cada centro con flecos, y añada cuatro piezas grandes a una flor para crear una flor grande y una pequeña).
- **7:** crear hojas. Hojas de cartulina.
- **10:** cubrir tallos.
- **12:** sujetar tallos adicionales. Flor sencilla (junte las dos flores de manera que la grande quede ligeramente por encima de la pequeña).
- **13:** arreglar hojas y tallos.

Crisantemo

MATERIALES:

- 1 alambre de 23 cm de largo y 0,8 mm de grosor para el tallo.
- 2 alambres de 11 cm de largo y 0,8 mm de grosor para los tallos de las hojas.
- Papel de seda verde: 1 tira de 30 x 1,2 cm para el tallo, 2 tiras de 15 x 1,2 cm para los tallos de las hojas.
- Papel de seda verde azulado: 4 piezas para los pétalos pequeños (plantilla de pétalo 53, pág. 188).
- Papel de seda verde azulado sumergido en lejía: 4 piezas grandes para los pétalos (plantilla de pétalo 49, pág. 188).
- Cartulina verde: 2 hojas (plantillas de hoja 27 y 28, pág. 173).

TÉCNICAS:

- **2:** blanquear papel (sumergirlo en lejía).
- **4:** arreglar pétalos. Arrugarlos.
- **8:** sujetar pétalos. Pétalos continuos (disponga las cuatro piezas pequeñas distribuidas de manera regular alrededor del alambre, y después los cuatro pétalos grandes alrededor de los pétalos interiores).
- **7:** crear hojas. Hojas de cartulina.
- **10:** cubrir tallos.
- **12:** sujetar tallos adicionales. Flor sencilla.
- **13:** arreglar hojas y tallos.

Cardo

MATERIALES:

- 1 alambre de 23 cm de largo y 0,8 mm de grosor para el tallo.
- 3 alambres de 11 cm de largo y 0,65 mm de grosor para los tallos de las hojas.
- Papel de seda verde claro: 1 tira de 30 x 1,2 cm para el tallo principal, 3 tiras de 15 x 1,2 cm para los tallos de las hojas.
- Papel de seda morado claro: 1 pieza de 7,5 x 25 cm para el centro grande con flecos que forma la flor (plantilla de pétalo 41, pág. 187).
- Cartulina verde claro: 3 hojas (plantillas de hoja 27 y 28, pág. 173).

TÉCNICAS:

- **5:** crear centros. Centro grande con flecos (la flor se crea formando un centro con flecos)
- **7:** crear hojas. Hojas de cartulina.
- **10:** cubrir tallos.
- **12:** sujetar tallos adicionales. Flor sencilla.
- **13:** arreglar hojas y tallos.

Aciano

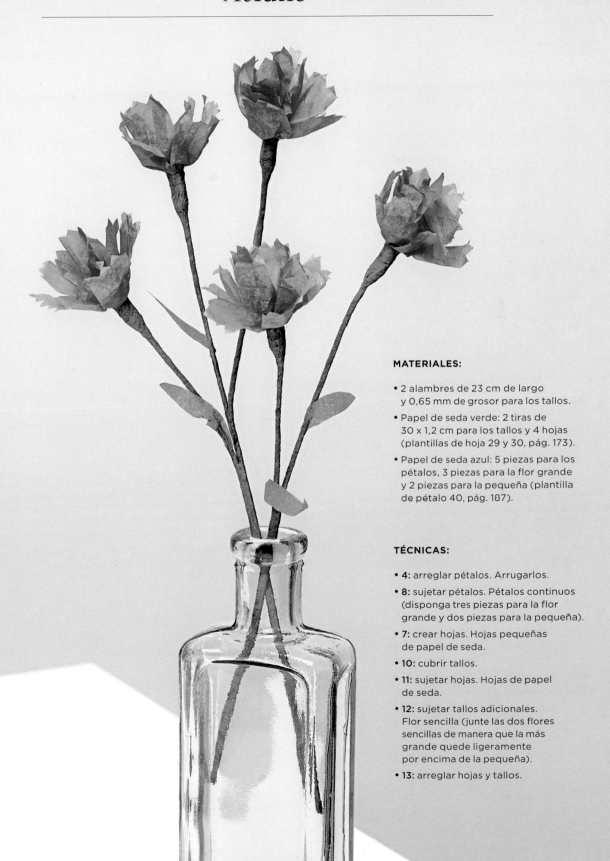

MATERIALES:

- 2 alambres de 23 cm de largo y 0,65 mm de grosor para los tallos.
- Papel de seda verde: 2 tiras de 30 x 1,2 cm para los tallos y 4 hojas (plantillas de hoja 29 y 30, pág. 173).
- Papel de seda azul: 5 piezas para los pétalos, 3 piezas para la flor grande y 2 piezas para la pequeña (plantilla de pétalo 40, pág. 187).

TÉCNICAS:

- **4:** arreglar pétalos. Arrugarlos.
- **8:** sujetar pétalos. Pétalos continuos (disponga tres piezas para la flor grande y dos piezas para la pequeña).
- **7:** crear hojas. Hojas pequeñas de papel de seda.
- **10:** cubrir tallos.
- **11:** sujetar hojas. Hojas de papel de seda.
- **12:** sujetar tallos adicionales. Flor sencilla (junte las dos flores sencillas de manera que la más grande quede ligeramente por encima de la pequeña).
- **13:** arreglar hojas y tallos.

Clavel

MATERIALES:

- 2 alambres de 23 cm de largo y 0,65 mm de grosor para los tallos.
- Papel de seda verde: 2 tiras de 30 x 1,2 cm para los tallos y 8 hojas (plantillas de hoja 29 y 30, pág. 173).
- Papel de seda rosa fuerte con rayas blanqueadas: 8 piezas para los pétalos, 5 piezas para la flor grande y 3 piezas para la pequeña (plantilla de pétalo 41, pág. 187).

TÉCNICAS:

- **2:** blanquear papel (rayas).
- **4:** arreglar pétalos. Arrugarlos.
- **8:** sujetar pétalos. Pétalos continuos (disponga 5 piezas para la flor grande y 3 piezas para la pequeña).
- **7:** crear hojas. Hojas pequeñas de papel de seda.
- **10:** cubrir tallos.
- **11:** sujetar hojas. Hojas de papel de seda.
- **12:** sujetar tallos adicionales. Flor sencilla (junte las dos flores sencillas de manera que la más grande quede ligeramente por encima de la pequeña).
- **13:** arreglar hojas y tallos.

Caléndula

MATERIALES:

- 3 alambres de 23 cm de largo y 0,65 mm de grosor para los tallos de las flores.

- 2 alambres de 11 cm de largo y 0,65 mm de grosor para los tallos de las hojas.

- Papel de seda verde: 3 tiras de 30 x 1,2 cm para los tallos de las flores y 2 tiras de 15 x 1,2 cm para los tallos de las hojas.

- Papel de seda amarillo dorado con rayas pintadas en rojo vino: 15 piezas para los pétalos, 5 piezas por flor (plantilla de pétalo 40, pág. 187).

- Cartulina verde: 2 hojas (plantilla de hoja 25, pág. 173).

TÉCNICAS:

- **3:** pintar papel. Rayas con acuarela o tinta acrílica.

- **4:** arreglar pétalos. Arrugarlos.

- **8:** sujetar pétalos. Pétalos continuos (sujetar 5 piezas de pétalo por cada flor).

- **7:** crear hojas. Hojas de cartulina.

- **10:** cubrir tallos.

- **12:** sujetar tallos adicionales. Flor sencilla (junte dos de las flores sencillas de manera que una quede ligeramente por encima de la otra; a continuación añada la tercera flor un poco por debajo de las otras dos).

- **13:** arreglar hojas y tallos.

Guisante de olor

MATERIALES:

- De 3 a 5 alambres de 11 cm de largo y 0,65 mm de grosor para los tallos de las flores.

- 3 alambres de 23 cm de largo y 0,65 mm de grosor para los zarcillos.

- 1 alambre de 46 cm de largo y 1 mm de grosor para el tallo principal.

- Papel de seda verde claro: 1 tira de 50 x 1,2 cm para el tallo principal; de 3 a 5 tiras de 15 x 1,2 cm para los tallos más pequeños; 3 tiras de 30 x 1,2 cm para los tallos de los zarcillos, y 2 piezas para las hojas (plantillas de hoja 38 y 39, pág. 175).

- Papel de seda morado claro sumergido en lejía: de 6 a 10 piezas para crear 3-5 pétalos dobles (plantilla de pétalo 34, pág. 185).

TÉCNICAS:

- **2:** blanquear papel. Sumergirlo en lejía.

- **4:** arreglar pétalos. Arrugarlos.

- **8:** sujetar pétalos. Pétalos continuos (antes de sujetarlos a los tallos de alambre, divídalos a pares; dispóngalos en capas y pegue dos piezas de pétalos juntas con una pequeña línea de pegamento en la parte inferior).

- **4:** arreglar pétalos. Con los dedos enrolle los pétalos exteriores, separándolos de los interiores.

- **7:** crear hojas pequeñas de papel de seda.

- **10:** cubrir tallos.

- **11:** sujetar hojas. Hojas de papel de seda.

- **12:** sujetar tallos adicionales. Zarcillos y espiga (sujete un zarcillo en la parte superior del alambre principal, y distribuya las flores de manera regular, en fila, en el tallo principal. Acabe con los dos últimos zarcillos).

- **13:** arreglar hojas y tallos.

Lupino

MATERIALES:

- 16 alambres de 11 cm de largo
  y 0,65 mm de grosor para los tallos
  de las flores.
- 2 alambres de 11 cm de largo
  y 0,65 mm de grosor para los
  tallos de las hojas.
- 1 alambre de 46 cm de largo y 1 mm
  de grosor para el tallo principal.
- Papel de seda verde claro: 1 tira de
  50 x 1,2 cm para el tallo principal,
  18 tiras de 15 x 1,2 cm para los tallos
  pequeños.
- Papel de seda blanco: 16 piezas
  para los pétalos (plantilla de
  pétalo 33, pág. 185).
- Papel de seda azul oscuro:
  16 piezas para los pétalos (plantilla
  de pétalo 33, pág. 185).
- Cartulina verde claro: 2 hojas
  (plantilla de hoja 26, pág. 173).

TÉCNICAS:

- **4:** arreglar pétalos. Arrugarlos.
- **8:** sujetar pétalos. Pétalos continuos
  (antes de sujetar los pétalos a los
  tallos de alambre, coloque las piezas
  blancas sobre las azules y péguelas
  con una pequeña línea de pegamento
  en la parte inferior).
- **7:** crear hojas. Hojas de cartulina.
- **10:** cubrir tallos.
- **12:** sujetar tallos adicionales. Espiga.
- **13:** arreglar hojas y tallos.

Jazmín

MATERIALES:

- 6 estambres amarillos individuales en 6 alambres de 11 cm de largo y 0,65 mm de grosor.
- 3 alambres de 11 cm de largo y 0,65 mm de grosor para los brotes.
- 5 alambres de 11 cm de largo y 0,65 mm de grosor para los tallos de las hojas.
- 1 alambre de 23 cm de largo y 1 mm de grosor para el tallo principal.
- Papel de seda verde: 1 tira de 30 x 1,2 cm para el tallo principal, 14 tiras de 15 x 1,2 cm para los tallos pequeños.
- Papel de seda rosa claro: 3 tiras de 2,5 x 25 cm para los brotes.
- Papel de seda blanco teñido de rosa: 6 piezas para los pétalos, 1 pieza por cada flor pequeña (plantilla de pétalo 35, pág. 186).
- Cartulina verde: 5 hojas (plantilla de hoja 35, pág. 175).

TÉCNICAS:

- **1:** teñir papel (papel de seda blanco).
- **5:** crear centros. Estambre individual.
- **4:** arreglar pétalos. Arrugarlos.
- **8:** sujetar pétalos. Pétalos continuos.
- **6:** crear brotes y bayas (brotes de papel enrollado).
- **7:** crear hojas. Hojas de cartulina.
- **10:** cubrir tallos.
- **12:** sujetar tallos adicionales. Espiga (sujete las flores, los brotes y las hojas de forma aleatoria a lo largo del tallo principal).
- **13:** arreglar hojas y tallos.

Borraja

MATERIALES:

- 6 centros sencillos de bastoncillos de algodón en 6 alambres de 11 cm de largo y 0,65 mm de grosor.

- 3 alambres de 11 cm de largo y 0,65 mm de grosor para los tallos de las hojas.

- 1 alambre de 23 cm de largo y 1 mm de grosor para el tallo principal.

- Papel de seda verde: 1 tira de 30 x 1,2 cm para el tallo principal, 9 tiras de 15 x 1,2 cm para los tallos pequeños, 6 piezas para los cálices (plantilla de puño 3, pág. 189).

- Papel de seda blanco: 6 tiras de 5 x 5 cm para los centros de algodón.

- Papel de seda azul: 6 piezas para los pétalos, 1 pieza por cada flor pequeña (plantilla de pétalo 35, pág. 186).

- Cartulina verde: 3 hojas (plantilla de hoja 8, pág. 169).

TÉCNICAS:

- **5:** crear centros. Centro sencillo de bastoncillo de algodón.

- **3:** pintar papel. Toques de color en los centros.

- **4:** arreglar pétalos. Arrugarlos.

- **8:** sujetar pétalos. Pétalos continuos.

- **9:** sujetar el cáliz.

- **10:** cubrir tallos.

- **7:** crear hojas. Hojas de cartulina.

- **12:** sujetar tallos adicionales. Ramillete.

- **13:** arreglar hojas y tallos.

Flor del ajo

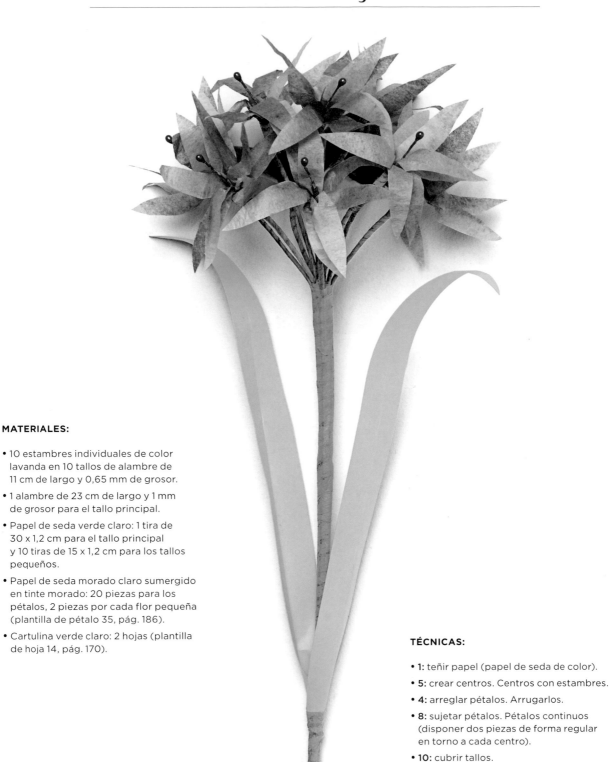

MATERIALES:

- 10 estambres individuales de color lavanda en 10 tallos de alambre de 11 cm de largo y 0,65 mm de grosor.
- 1 alambre de 23 cm de largo y 1 mm de grosor para el tallo principal.
- Papel de seda verde claro: 1 tira de 30 x 1,2 cm para el tallo principal y 10 tiras de 15 x 1,2 cm para los tallos pequeños.
- Papel de seda morado claro sumergido en tinte morado: 20 piezas para los pétalos, 2 piezas por cada flor pequeña (plantilla de pétalo 35, pág. 186).
- Cartulina verde claro: 2 hojas (plantilla de hoja 14, pág. 170).

TÉCNICAS:

- **1:** teñir papel (papel de seda de color).
- **5:** crear centros. Centros con estambres.
- **4:** arreglar pétalos. Arrugarlos.
- **8:** sujetar pétalos. Pétalos continuos (disponer dos piezas de forma regular en torno a cada centro).
- **10:** cubrir tallos.
- **7:** crear hojas. Hojas de cartulina.
- **11:** sujetar hojas. Hojas de cartulina.
- **12:** sujetar tallos adicionales. Ramillete.
- **13:** arreglar hojas y tallos.

Helecho

MATERIALES:

- 1 alambre de 38 cm de largo y 0,8 mm de grosor para el tallo.
- Papel de seda verde claro: 1 tira de 50 x 1,2 cm para el tallo.
- Cartulina verde claro: 1 hoja (plantilla de hoja 40, pág. 175).

TÉCNICAS:

- **7:** crear hojas. Hojas de cartulina y venas pronunciadas.
- **10:** cubrir tallos.
- **13:** arreglar hojas y tallos.

Centaurea cineraria

MATERIALES:

- 1 alambre de 30 cm de largo y 0,8 mm de grosor para el tallo.
- Papel de seda verde salvia: 1 tira de 38 x 1,2 cm para el tallo.
- Cartulina verde salvia o verde gris pálido: 1 hoja (plantilla de hoja 9, pág. 169).

TÉCNICAS:

- **3:** pintar papel. Pintar las hojas de cartulina.
- **7:** crear hojas. Hojas de cartulina y venas pronunciadas.
- **10:** cubrir tallos.
- **13:** arreglar hojas y tallos.

Anturio

MATERIALES:

- 1 centro alargado de plastilina en
  1 tallo de alambre de 23 cm de largo
  y 0,8 mm de grosor.
- Papel de seda verde claro: 1 tira
  de 30 x 1,2 cm para el tallo.
- Papel de seda amarillo claro:
  1 pieza de 5 x 5 cm para el centro.
- Cartulina roja: 1 pétalo (plantilla
  de pétalo 1, pág. 178).

TÉCNICAS:

- **5:** crear centros. Centro alargado
  de plastilina.
- **3:** pintar papel. Hojas de cartulina brillante.
- **7:** crear hojas. Hojas de cartulina (para
  los pétalos rojos).
- **4:** arreglar pétalos. Agujerearlos (corte
  un orificio a aproximadamente 1,2 cm de
  la «V» de los lóbulos del pétalo).
- **10:** cubrir tallos.
- **12:** sujetar tallos adicionales. Flor sencilla.
- **13:** arreglar hojas y tallos.

Ranúnculo

MATERIALES:

- 1 centro alargado de plastilina en 1 tallo de alambre de 23 cm de largo y 0,8 mm de grosor.
- 2 alambres de 11 cm de largo y 0,65 mm de grosor para los tallos de las hojas.
- Papel de seda verde claro: 1 tira de 5 x 5 cm para el centro de plastilina, 1 tira de 30 x 1,2 cm para el tallo, 2 tiras de 15 x 1,2 cm para los tallos de las hojas, 3 piezas para los pétalos (plantilla de pétalo 2, pág. 179).
- Papel de seda rosa fuerte, naranja, amarillo dorado o amarillo claro sumergido en agua: 3-5 piezas para los pétalos; con más piezas se obtendrá una flor más grande (plantilla de pétalo 2, pág. 179).
- Cartulina verde claro: 2 hojas (plantillas de hoja 32 y 33, pág. 174).

TÉCNICAS:

- **1**: teñir papel (con agua).
- **5**: crear centros. Centro alargado de plastilina.
- **3**: pintar papel. Toques de color en el centro.
- **4**: arreglar pétalos. Arrugarlos.
- **8**: sujetar pétalos. Pétalos continuos (disponga los dos primeros pétalos verdes de forma regular en torno al centro, añada la siguiente pieza de pétalo del color que prefiera, seguida del último pétalo verde, y a continuación añada el resto de los pétalos; puede incorporar tantos pétalos como desee, escalonándolos en cada capa).
- **7**: crear hojas. Hojas de cartulina.
- **10**: cubrir tallos.
- **12**: sujetar tallos adicionales. Flor sencilla.
- **13**: arreglar hojas y tallos.

Camelia doble

MATERIALES:

- 1 alambre de 23 cm de largo
  y 0,8 mm de grosor para el tallo.

- 3 alambres de 11 cm de largo
  y 0,8 mm de grosor para los tallos
  de las hojas.

- Papel de seda verde claro: 1 tira
  de 30 x 1,2 cm para el tallo principal,
  3 tiras de 15 x 1,2 cm para los tallos
  pequeños.

- Papel de seda amarillo claro: 1 pieza
  con flecos de 7,5 x 12 cm para el centro.

- Papel de seda rojo sumergido en agua:
  8 piezas para los pétalos (plantilla
  de pétalo 2, pág. 179).

- Cartulina verde claro: 3 hojas (plantilla
  de hoja 37, pág. 175).

TÉCNICAS:

- **1:** teñir papel. Utilizar agua.

- **5:** crear centros. Centro mediano
  con flecos.

- **4:** arreglar pétalos. Arrugarlos.

- **8:** sujetar pétalos. Pétalos continuos
  (forme cuatro capas trabajando con
  dos piezas de pétalos cada vez).

- **7:** crear hojas. Hojas de cartulina.

- **10:** cubrir tallos.

- **12:** sujetar tallos adicionales. Flor sencilla.

- **13:** arreglar hojas y tallos.

Anémona

MATERIALES:

- 1 centro de plastilina en un tallo de alambre de 23 cm de largo y 0,8 mm de grosor.
- 2 alambres de 11 cm de largo y 0,8 mm de grosor para los tallos de las hojas.
- Papel de seda verde claro: 1 tira de 30 x 1,2 cm para el tallo, 2 tiras de 15 x 1,2 cm para los tallos de las hojas.
- Papel de seda negro: 1 pieza de 5 x 5 cm para el centro de plastilina, 1 pieza de 7,5 x 12 cm para el centro mediano con flecos.
- Papel de seda rosa, morado o morado claro sumergido en agua o lejía: 9 pétalos (plantilla de pétalo 6, pág. 179).
- Cartulina verde claro: 2 hojas (plantilla de hoja 21, pág. 172).

TÉCNICAS:

- **2:** blanquear papel.
- **5:** crear centros. Centros de plastilina.
- **5:** crear centros. Centro mediano con flecos.
- **4:** arreglar pétalos. Arrugarlos.
- **8:** sujetar pétalos. Pétalos sencillos (disponga tres pétalos de forma regular en torno al centro y añada los seis pétalos restantes de manera aleatoria).
- **7:** crear hojas. Hojas de cartulina.
- **10:** cubrir tallos.
- **12:** sujetar tallos adicionales. Flor sencilla.
- **13:** arreglar hojas y tallos.

Amapola oriental

MATERIALES:

- 1 centro de plastilina en un tallo de alambre de 23 cm de largo y 0,8 mm de grosor.

- 2 alambres de 11 cm de largo y 0,8 mm de grosor para los tallos de las hojas.

- Papel de seda verde claro: 1 pieza de 5 x 5 cm para el centro, 1 tira de 30 x 1,2 cm para el tallo, 2 tiras de 15 x 1,2 cm para los tallos de las hojas.

- Papel de seda negro: 1 pieza de 7,5 x 12 cm para el centro mediano con flecos.

- Papel de seda rojo, naranja o naranja claro pintado con rayas rojas o naranjas: 12 pétalos para crear 6 pétalos dobles (plantilla de pétalo 6, pág. 179).

- Cartulina verde claro: 2 hojas (plantillas de hoja 27 y 28, pág. 173).

TÉCNICAS:

- **3:** pintar papel. Pintar toques de color en el centro y rayas con pintura acrílica.

- **5:** crear centros. Centro de plastilina.

- **5:** crear centros. Centro mediano con flecos.

- **4:** arreglar pétalos. Arrugarlos.

- **8:** Sujetar pétalos. Pétalos dobles (disponga los 5 pétalos dobles de manera aleatoria en torno al centro).

- **7:** crear hojas. Hojas de cartulina.

- **10:** cubrir tallos.

- **12:** sujetar tallos adicionales. Flor sencilla.

- **13:** arreglar hojas y tallos.

Ramo

PROYECTO

TÉCNICAS:

• págs. 158-159

Ramillete, flores para el ojal y horquilla para el pelo

PROYECTO

TÉCNICAS:

• págs. 160-161

Ramillete A

Ramillete B

Ramillete C

Amapola de Islandia

MATERIALES:

- 1 centro de plastilina en un tallo de alambre de 23 cm de largo y 0,8 mm de grosor.

- 2 alambres de 11 cm de largo y 0,8 mm de grosor para los tallos de las hojas.

- Papel de seda verde claro: 1 pieza de 5 x 5 cm para el centro, 1 tira de 30 x 1,2 cm para el tallo, 2 tiras de 15 x 1,2 cm para los tallos de las hojas.

- Papel de seda amarillo: 1 pieza de 7,5 x 12 cm para el centro mediano con flecos.

- Papel de seda naranja, amarillo dorado, amarillo claro, melocotón o blanco sumergido en agua: 8 piezas para crear 4 pétalos dobles (plantilla de pétalo 6, pág. 179).

- Cartulina verde claro: 2 hojas (plantillas de hoja 27 y 28, pág. 173).

TÉCNICAS:

- **1:** teñir papel. Utilizar agua.
- **5:** crear centros. Centro de plastilina.
- **3:** pintar papel. Pintar toques de color en el centro.
- **5:** crear centros. Centro mediano con flecos.
- **4:** arreglar pétalos. Arrugarlos.
- **8:** sujetar pétalos. Pétalos dobles (disponga los 4 pétalos dobles de manera aleatoria en torno al centro).
- **7:** crear hojas. Hojas de cartulina.
- **10:** cubrir tallos.
- **12:** sujetar tallos adicionales. Flor sencilla.
- **13:** arreglar hojas y tallos.

Amapola de California

MATERIALES:

- 1 centro de plastilina en un tallo de alambre de 23 cm de largo y 0,8 mm de grosor.

- 1 alambre de 11 cm de largo y 0,8 mm de grosor para el tallo de la hoja.

- Papel de seda verde claro: 1 tira de 30 x 1,2 cm para el tallo, 1 tira de 15 x 1,2 cm para el tallo de la hoja.

- Papel de seda amarillo: 1 pieza de 5 x 7,5 cm para el centro pequeño con flecos.

- Papel de seda rosa fuerte: 1 pieza de 2,5 x 5 cm para el cáliz.

- Papel de seda naranja claro sumergido en agua: 4 pétalos (plantilla de pétalo 22, pág. 183).

- Cartulina verde claro: 1 hoja (plantilla de hoja 25, pág. 173).

TÉCNICAS:

- **1:** teñir papel. Utilizar agua.

- **5:** crear centros. Centro pequeño con flecos.

- **4:** arreglar pétalos. Arrugarlos.

- **8:** sujetar pétalos. Pétalos sencillos.

- **7:** crear hojas. Hojas de cartulina.

- **9:** sujetar el cáliz (disponga la tira de papel de seda en torno a la base de la flor para formar un cuello completo).

- **10:** cubrir tallos.

- **12:** sujetar tallos adicionales. Flor sencilla.

- **13:** arreglar hojas y tallos.

Godetia

MATERIALES:

- 5 alambres de 11 cm de largo y 0,8 mm de grosor para los tallos de las flores.
- 5 alambres de 11 cm de largo y 0,8 mm de grosor para los tallos de las hojas.
- 1 alambre de 23 cm de largo y 1 mm de grosor para el tallo principal.
- Papel de seda verde: 1 tira de 30 x 1,2 cm para el tallo principal, 10 tiras de 15 x 1,2 cm para los tallos pequeños.
- Papel de seda amarillo: 5 piezas de 5 x 7,5 cm para los centros pequeños con flecos.
- Papel de seda rosa claro sumergido en tinte rosa: 40 piezas para los pétalos, 4 pétalos dobles por cada flor pequeña (plantilla de pétalo 22, pág. 183).
- Cartulina verde: 5 hojas (plantilla de hoja 35, pág. 175).

TÉCNICAS:

- **1:** teñir papel.
- **5:** crear centros. Centro pequeño con flecos
- **4:** arreglar pétalos. Arrugarlos.
- **8:** sujetar pétalos. Pétalos dobles (disponga 4 pétalos dobles de manera regular en torno a cada uno de los 5 centros con flecos para crear las flores pequeñas).
- **7:** crear hojas. Hojas de cartulina.
- **10:** cubrir tallos.
- **12:** sujetar tallos adicionales. Ramillete (sujete las 5 hojas directamente por debajo del ramillete, uniendo cada tallo a la misma altura).
- **13:** arreglar hojas y tallos.

Capuchina

MATERIALES:

- 1 centro de bastoncillo de algodón en 1 alambre de 23 cm de largo y 0,65 mm de grosor.

- 2 alambres de 23 cm de largo y 0,65 mm de grosor para los tallos de las hojas.

- Papel de seda verde: 3 tiras de 30 x 1,2 cm para el tallo principal y los tallos de las hojas.

- Papel de seda amarillo claro: 1 pieza de 5 x 5 cm para el centro de bastoncillo.

- Papel de seda amarillo dorado: 1 pieza de puño para el centro de bastoncillo (plantilla de puño 4, pág. 189).

- Papel de seda rojo, naranja, amarillo dorado o amarillo claro sumergido en lejía: 5 piezas de pétalo (plantilla de pétalo 22, pág. 183).

- Cartulina verde y verde claro: 2 hojas (plantilla de hoja 6, pág. 169).

TÉCNICAS:

- 2: blanquear papel. Sumergirlo.

- 5: crear centros. Centro sencillo de bastoncillo de algodón con puño.

- 4: arreglar pétalos. Arrugarlos.

- 8: sujetar pétalos. Pétalos sencillos (disponga los pétalos de forma aleatoria en torno al centro).

- 7: crear hojas. Hojas de cartulina.

- 10: cubrir tallos.

- 12: sujetar tallos adicionales. Flor sencilla (crear las junturas de los tallos a 10-15 cm por debajo de las hojas y la flor en el caso de los tallos largos).

- 13: arreglar hojas y tallos.

Adelfa

MATERIALES:

- 3 centros sencillos de bastoncillos de algodón en 3 alambres de 11 cm de largo y 0,65 mm de grosor.

- 5 alambres de 11 cm de largo y 0,65 mm de grosor para los tallos de los brotes.

- 3 alambres de 11 cm de largo y 0,65 mm de grosor para los tallos de las hojas.

- 1 alambre de 23 cm de largo y 1 mm de grosor para el tallo principal.

- Papel de seda amarillo claro: 3 piezas de 5 x 5 cm para los centros de algodón y 5 tiras de 2,5 x 25 cm para los brotes.

- Papel de seda amarillo: 3 piezas para rodear los centros de algodón (plantilla de puño 5, pág. 189).

- Papel de seda blanco sumergido en agua: 30 piezas para los pétalos, 5 pétalos dobles por flor pequeña (plantilla de pétalo 22, pág. 183).

- Cartulina verde: 3 hojas (plantilla de hoja 35, pág. 175).

TÉCNICAS:

- **1:** teñir papel. Utilizar agua.

- **5:** crear centros. Centro sencillo de bastoncillo de algodón con puño.

- **4:** arreglar pétalos. Arrugarlos.

- **8:** sujetar pétalos. Pétalos dobles (disponga 5 pétalos dobles de forma regular en torno a cada uno de los 3 centros con puño para crear las flores pequeñas).

- **6:** crear brotes y bayas (brotes de papel enrollado).

- **7:** crear hojas. Hojas de cartulina.

- **10:** cubrir tallos.

- **12:** sujetar tallos adicionales. Ramillete (sujete las tres hojas directamente por debajo del ramillete de flores, uniendo cada tallo a la misma altura).

- **13:** arreglar hojas y tallos.

Cornejo

MATERIALES:

- 1 rama de árbol de 60 cm de largo.
- Papel de seda marrón: 5 tiras de 5 x 1,2 cm para cubrir las bases de las flores.
- Papel de seda crema sumergido en lejía: 40 piezas para los pétalos, 4 pétalos dobles por flor (plantilla de pétalo 23, pág. 183).
- Papel de seda verde claro: 5 piezas de 5 x 7,5 cm para los centros pequeños con flecos y 5 hojas (plantillas de hoja 38 y 39, pág. 175).

TÉCNICAS:

- **2:** blanquear papel. Sumergirlo.
- **5:** crear centros. Centro pequeño con flecos.
- **4:** arreglar pétalos. Plegarlos.
- **8:** sujetar pétalos. Pétalos dobles (disponga 4 pétalos dobles de manera uniforme en torno a cada centro con flecos).
- **7:** crear hojas. Hojas pequeñas de papel de seda.
- **11:** sujetar hojas. Hojas de papel de seda.
- **12:** sujetar tallos adicionales. Rama.

Escaramujo

MATERIALES:

- 1 centro compuesto por 1 bastoncillo de algodón en un tallo de alambre de 23 cm de largo y 0,8 mm de grosor.
- 1 brote de plastilina en un tallo de alambre de 11 cm de largo y 0,8 mm de grosor.
- 3 alambres de 11 cm de largo y 0,8 mm de grosor para los tallos de las hojas.
- Papel de seda verde: 1 tira de 30 x 1,2 cm para el tallo principal, 4 tiras de 15 x 1,2 cm para los tallos más pequeños, 2 piezas para los cálices del brote y la flor (plantilla de puño 2, pág. 189).
- Papel de seda amarillo: 1 pieza de 5 x 5 cm para el centro de algodón y 1 pieza de 5 x 7,5 cm para el centro pequeño con flecos.
- Papel de seda rosa fuerte sumergido en lejía: 1 pieza de 5 x 5 cm para el brote, 10 piezas para los pétalos a fin de crear 5 pétalos dobles (plantilla de pétalo 23, pág. 183).
- Cartulina verde: 3 hojas (plantilla de hoja 36, pág. 175).

TÉCNICAS:

- **2:** blanquear papel (sumergirlo).
- **5:** crear centros. Centro con un bastoncillo de algodón.
- **5:** crear centros. Centro pequeño con flecos.
- **4:** arreglar pétalos. Plegarlos.
- **8:** sujetar pétalos. Pétalos dobles (disponga los 5 pétalos dobles de manera uniforme en torno al centro).
- **6:** crear brotes y bayas (brotes alargados de plastilina).
- **7:** crear hojas. Hojas de cartulina.
- **9:** sujetar el cáliz.
- **10:** cubrir tallos.
- **12:** sujetar tallos adicionales. Flor sencilla (junte 2 tallos de hojas y el tallo del brote, y después junte estos con el tallo de la flor; para acabar, añada la última hoja por debajo de la flor).
- **13:** arreglar hojas y tallos.

Magnolia de hoja caduca

MATERIALES:

- 1 centro alargado de plastilina en un tallo de alambre de 23 cm de largo y 0,8 mm de grosor.
- 2 alambres de 11 cm de largo y 0,8 mm de grosor para los tallos de las hojas.
- Papel de seda verde: 1 tira de 30 x 1,2 cm para el tallo, 2 tiras de 15 x 1,2 cm para los tallos de las hojas.
- Papel de seda amarillo claro: 1 pieza de 5 x 5 cm para el centro.
- Papel de seda amarillo dorado: 1 pieza de 7,5 x 12 cm para el centro mediano con flecos.
- Papel de seda blanco con rayas pintadas de color rosa: 16 piezas para los pétalos a fin de crear 8 pétalos dobles (plantilla de pétalo 39, pág. 186).
- Cartulina verde: 2 hojas (plantilla de hoja 8, pág. 169).

TÉCNICAS:

- **5:** crear centros. Centro alargado de plastilina.
- **3:** pintar papel. Rayas con pintura acrílica y rotulador con base de alcohol (para crear la textura punteada del centro de plastilina).
- **5:** crear centros. Centro mediano con flecos.
- **4:** arreglar pétalos. Arrugarlos.
- **8:** sujetar pétalos. Pétalos dobles (cree 4 capas de 4 pétalos dobles colocando los pétalos de forma aleatoria en torno al centro).
- **4:** arreglar pétalos. Curvarlos con tijera (curve una pequeña parte de los pétalos en diferentes direcciones).
- **7:** crear hojas. Hojas de cartulina.
- **10:** cubrir tallos.
- **12:** sujetar tallos adicionales. Flor sencilla.
- **13:** arreglar hojas y tallos.

Rama de cerezo con brotes

MATERIALES:

- 1 rama de árbol de 60 cm de largo.
- 3 brotes de plastilina sin tallo de alambre.
- Papel de seda marrón: 8 tiras de 5 x 1,2 cm para cubrir las bases de las flores y los brotes.
- Papel de seda amarillo claro: 5 piezas de 5 x 7,5 cm para los centros pequeños con flecos.
- Papel de seda blanco con rayas pintadas de color rojo: 3 piezas de 5 x 5 cm para los brotes de plastilina y 25 piezas para los pétalos, 5 piezas por flor pequeña (plantilla de pétalo 31, pág. 185).
- Papel de seda verde claro: 5 hojas (plantillas de hoja 38 y 39, pág. 175).

TÉCNICAS:

- **3:** pintar papel. Rayas con pintura acrílica.
- **5:** crear centros. Centro pequeño con flecos (sin tallos de alambre).
- **4:** arreglar pétalos. Ahuecarlos.
- **8:** sujetar pétalos. Pétalos sencillos (disponga 5 pétalos dobles de forma aleatoria en torno a cada centro con flecos).
- **6:** crear brotes y bayas (brotes alargados de plastilina).
- **7:** crear hojas. Hojas pequeñas de papel de seda.
- **11:** sujetar hojas. Hojas de papel de seda.
- **12:** sujetar tallos adicionales. Rama.

Camelia enana

MATERIALES:

- 2 alambres de 23 cm de largo
  y 0,8 mm de grosor para los tallos.

- 1 brote de plastilina en un tallo de
  alambre de 11 cm de largo y 0,65 mm
  de grosor.

- 3 alambres de 11 cm de largo y 0,65 mm
  de grosor para los tallos de las hojas.

- Papel de seda verde: 2 tiras de 30 x 1,2 cm
  para los tallos principales, 4 tiras de
  15 x 1,2 cm para los tallos pequeños.

- Papel de seda amarillo claro: 2 piezas
  de 5 x 7,5 cm para los centros pequeños
  con flecos.

- Papel de seda rosa claro: 1 pieza de
  5 x 5 cm para el brote de plastilina.

- Papel de seda rosa claro sumergido
  en lejía: 32 piezas para los pétalos,
  8 pétalos dobles por cada flor pequeña
  (plantilla de pétalo 31, pág. 185).

- Cartulina verde: 3 hojas (plantilla
  de hoja 37, pág. 175).

TÉCNICAS:

- **2:** blanquear papel (sumergirlo).

- **5:** crear centros. Centro pequeño
  con flecos.

- **4:** arreglar pétalos. Ahuecarlos.

- **8:** sujetar pétalos. Pétalos dobles
  (disponga 8 pétalos dobles por cada
  flor pequeña; trabaje en dos capas
  de 4 pétalos y sujételos de manera
  uniforme en torno a los centros
  con flecos).

- **6:** crear brotes y bayas (brote redondo
  de plastilina).

- **7:** crear hojas. Hojas de cartulina.

- **10:** cubrir tallos.

- **12:** sujetar tallos adicionales. Ramillete.

- **13:** arreglar hojas y tallos.

Pincel indio

MATERIALES:

- 6 estambres individuales de color rojo vino en 6 alambres de 11 cm de largo y 0,65 mm de grosor.

- 5 alambres de 11 cm de largo y 0,65 mm de grosor para los brotes.

- 3 alambres de 11 cm de largo y 0,65 mm de grosor para los tallos de las hojas.

- 1 alambre de 23 cm de largo y 1 mm de grosor para el tallo principal.

- Papel de seda verde claro: 1 tira de 50 x 1,2 cm para el tallo principal, 14 tiras de 15 x 1,2 cm para los tallos pequeños.

- Papel de seda rojo: 5 tiras de 2,5 x 25 cm para los brotes, 10 piezas para los pétalos (forme 4 flores con 2 piezas de pétalo cada una y 2 flores con 1 pétalo; plantilla de pétalo 10, pág. 180).

- Cartulina verde claro: 3 hojas (plantillas de hoja 22 y 23, pág. 172).

TÉCNICAS:

- **5:** crear centros. Estambre individual.

- **4:** arreglar pétalos. Arrugarlos.

- **8:** sujetar pétalos. Pétalos continuos (por cada flor pequeña, sujetar un pétalo de manera regular en torno al centro con el estambre; para las 4 flores grandes, disponga otra pieza de pétalo alineando la segunda capa de pétalos detrás de los de la primera).

- **4:** arreglar pétalos. Curvarlos con tijera (hágalo de manera que los exteriores queden más curvados que los interiores).

- **6:** crear brotes y bayas (brotes de papel enrollado).

- **7:** crear hojas. Hojas de cartulina.

- **10:** cubrir tallos.

- **12:** sujetar tallos adicionales. Espiga (empiece sujetando una flor grande en el extremo del tallo principal; disponga las otras 3 flores grandes, seguidas de las 2 flores pequeñas y los 5 brotes por debajo de las flores. Sujete las 3 hojas después del último brote).

- **13:** arreglar hojas y tallos.

Trompetero naranja

MATERIALES:

- 6 estambres individuales amarillos en 6 alambres de 11 cm de largo y 0,65 mm de grosor.

- 3 alambres de 11 cm de largo y 0,65 mm de grosor para los brotes.

- 2 alambres de 46 cm de largo y 1 mm de grosor, unidos con cinta, para el tallo principal.

- Papel de seda naranja: 3 tiras de 2,5 x 25 cm para los brotes, 12 piezas para los pétalos, 2 piezas por flor pequeña (plantilla de pétalo 10, pág. 180).

- Papel de seda verde: 1 tira de 50 x 1,2 cm para el tallo principal, 9 tiras de 15 x 1,2 cm para los tallos pequeños, 6 hojas (plantillas de hoja 38 y 39, pág. 175).

TÉCNICAS:

- **5:** crear centros. Estambre individual.

- **4:** arreglar pétalos. Arrugarlos.

- **8:** sujetar pétalos. Pétalos continuos (por cada flor pequeña, sujete un pétalo de manera regular en torno al centro con el estambre; para las 4 flores grandes, disponga un segundo pétalo alineando la segunda capa de pétalos detrás de los de la primera).

- **4:** arreglar pétalos. Curvarlos con tijera (hágalo de manera que los exteriores queden más curvados que los interiores).

- **6:** crear brotes y bayas (brotes de papel enrollado).

- **7:** crear hojas. Hojas pequeñas de papel de seda.

- **10:** cubrir tallos.

- **12:** sujetar tallos adicionales. Enredadera (sujete las flores y los brotes de manera aleatoria en el extremo superior del tallo principal; junte los tallos para obtener un aspecto de ramillete).

- **13:** arreglar hojas y tallos.

Madreselva

MATERIALES:

- 5 estambres individuales amarillos en 5 alambres de 11 cm de largo y 0,65 mm de grosor.

- 3 alambres de 11 cm de largo y 0,65 mm de grosor para los brotes.

- 2 alambres de 46 cm de largo y 1 mm de grosor unidos con cinta para el tallo principal.

- Papel de seda blanco: 3 tiras de 2,5 x 25 cm para los brotes, 5 piezas para los pétalos, 1 pieza por flor pequeña (plantilla de pétalo 10, pág. 180).

- Papel de seda melocotón: 5 piezas para los pétalos, juntar con 5 piezas de pétalos blancos antes de ensamblar (plantilla de pétalo 10, pág. 180.

- Papel de seda verde claro: 1 tira de 50 x 1,2 cm para el tallo principal, 8 tiras de 15 x 1,2 cm para los tallos pequeños, 6 hojas pequeñas y 2 grandes (plantillas de hoja 38 y 39, pág. 175).

TÉCNICAS:

- **5:** crear centros. Estambre individual.

- **4:** arreglar pétalos. Arrugarlos.

- **8:** sujetar pétalos. Pétalos continuos (por cada flor pequeña, sujete un pétalo blanco de manera regular en torno al centro con el estambre; a continuación, disponga otra pieza de pétalo alineando la segunda capa de pétalos detrás de los de la primera).

- **4:** arreglar pétalos. Curvarlos con tijera (hágalo de manera que los exteriores queden más curvados que los interiores).

- **6:** crear brotes y bayas (brotes de papel enrollado).

- **7:** crear hojas. Hojas pequeñas de papel de seda.

- **10:** cubrir tallos.

- **11:** sujetar hojas. Hojas de papel de seda.

- **12:** sujetar tallos adicionales. Enredadera (empiece sujetando 2 piezas de hoja en el extremo del tallo principal, añada una flor y un brote a aproximadamente 7,5 cm, y después añada 2 piezas de hoja en la juntura. Repita para crear dos agrupaciones más de 2 flores, un brote y 2 hojas).

- **13:** arreglar hojas y tallos.

Oxalis

MATERIALES:

- 3 alambres de 15 cm de largo y 0,8 mm de grosor para los tallos.
- Papel de seda rojo vino: 3 tiras de 20 x 1,2 cm para los tallos.
- Cartulina de color morado oscuro: 3 hojas (plantilla de hoja 3, pág. 168).

TÉCNICAS:

- **7:** crear hojas. Hojas de cartulina.
- **10:** cubrir tallos.
- **12:** sujetar tallos adicionales. Ramillete (junte los 3 tallos directamente por debajo de la hoja y doble las hojas aproximadamente a 80-90° de la unión central).
- **13:** arreglar hojas y tallos.

Enredadera de boniato

MATERIALES:

- 5 alambres de 11 cm de largo y
  0,65 mm de grosor para los tallos
  de las hojas.
- 2 alambres de 46 cm de largo
  y 1 mm de grosor unidos con cinta
  para el tallo principal.
- Papel de seda rojo vino: 1 tira de
  50 x 1,2 cm para el tallo principal,
  5 tiras de 15 x 1,2 cm para los tallos
  de las hojas.
- Cartulina de color rojo vino: 5 hojas
  (2 pequeñas, 2 medianas y 1 grande;
  plantillas de hoja 10, 11 y 12, pág. 170).

TÉCNICAS:

- **7:** crear hojas. Hojas de cartulina.
- **10:** cubrir tallos.
- **12:** sujetar tallos adicionales.
  Enredadera (sujete una hoja pequeña
  en el extremo del tallo principal
  y después una mediana, seguida
  de una grande; acabe con la otra
  hoja mediana y por último con
  la pequeña).
- **13:** arreglar hojas y tallos.

Rama con bayas

MATERIALES:

- 6 u 8 bayas de plastilina en 6 u 8 tallos de alambre de 11 cm de largo y 0,8 mm de grosor.
- 1 alambre de 46 cm de largo y 1 mm de grosor para el tallo principal.
- Papel de seda rojo: 6 u 8 piezas de 5 x 5 cm para las bayas de plastilina.
- Papel de seda marrón: 1 tira de 30 x 1,2 cm para el tallo principal, 6 u 8 tiras de 15 x 1,2 cm para los tallos pequeños.

TÉCNICAS:

- **6:** crear brotes y bayas (bayas redondas de plastilina).
- **10:** cubrir tallos.
- **12:** sujetar tallos adicionales. Espiga.
- **13:** arreglar hojas y tallos.

Ombú

MATERIALES:

- 10 bayas de plastilina en 10 tallos de alambre de 11 cm de largo y 0,65 mm de grosor.
- 3 alambres de 11 cm de largo y 0,65 mm de grosor para los tallos de las hojas.
- 1 alambre de 46 cm de largo y 1 mm de grosor para el tallo principal.
- Papel de seda fucsia: 1 tira de 50 x 1,2 cm para el tallo principal, 13 tiras de 15 x 1,2 cm para los tallos pequeños.
- Papel de seda morado: 10 piezas de 5 x 5 cm para las bayas.
- Cartulina verde claro: 3 hojas (plantilla de hoja 8, pág. 169).

TÉCNICAS:

- **6:** crear brotes y bayas (bayas redondas de plastilina).
- **7:** crear hojas. Hojas de cartulina.
- **10:** cubrir tallos.
- **12:** sujetar tallos adicionales. Espiga (sujete una baya en el extremo del tallo principal y el resto de bayas con una separación aproximada de 0,6-1,2 cm, repartidas en el tallo principal).
- **13:** arreglar hojas y tallos.

Trigo

MATERIALES:

- 1 alambre de 38 cm de largo y 0,8 mm de grosor para el tallo.
- Papel de seda verde: 1 tira de 38 x 1,2 cm para el tallo.
- Papel de seda blanco teñido con verde claro: 2 piezas de 5 x 12 cm para la espiga.
- Cartulina verde claro: 1 pieza de hoja cortada por el centro a lo largo para crear 2 hojas finas (plantilla de hoja 14, pág. 170).

TÉCNICAS:

- **5:** crear centros (centro con forma de escobilla).
- **7:** crear hojas. Hojas de cartulina.
- **10:** cubrir tallos.
- **11:** sujetar hojas. Hojas de cartulina
- **12:** sujetar tallos adicionales. Flor sencilla.
- **13:** arreglar hojas y tallos.

Lavanda

MATERIALES:

- 1 alambre de 30 cm de largo
  y 0,8 mm de grosor para el tallo.
- Papel de seda verde salvia: 1 tira
  de 38 x 1,2 cm para el tallo.
- Papel de seda lila: 2 piezas
  de 5 x 12 cm para el centro
  con forma de escobilla.

TÉCNICAS:

- **5:** crear centros (centro
  con forma de escobilla).
- **10:** cubrir tallos.
- **13:** arreglar hojas y tallos.

Caladio

MATERIALES:

- 1 alambre de 30 cm de largo y 0,8 mm de grosor para el tallo.
- Papel de seda verde: 1 tira de 38 x 1,2 cm para el tallo.
- Cartulina verde: 1 hoja (plantilla de hoja 18, pág. 172).

TÉCNICAS:

- **3:** pintar papel. Pinte las hojas de cartulina.
- **7:** crear hojas. Hojas de cartulina.
- **10:** cubrir tallos.
- **13:** arreglar hojas y tallos.

Drácena rosa

MATERIALES:

- 1 alambre de 38 cm de largo y 1 mm de grosor para el tallo.
- Papel de seda rojo vino: 1 tira de 50 x 1,2 cm para el tallo.
- Cartulina de color rojo vino: 1 hoja (plantilla de hoja 16, pág. 171).

TÉCNICAS:

- **3:** pintar papel. Pinte las hojas de cartulina.
- **7:** crear hojas. Hojas de cartulina.
- **10:** cubrir tallos.
- **13:** arreglar hojas y tallos.

Filodendro

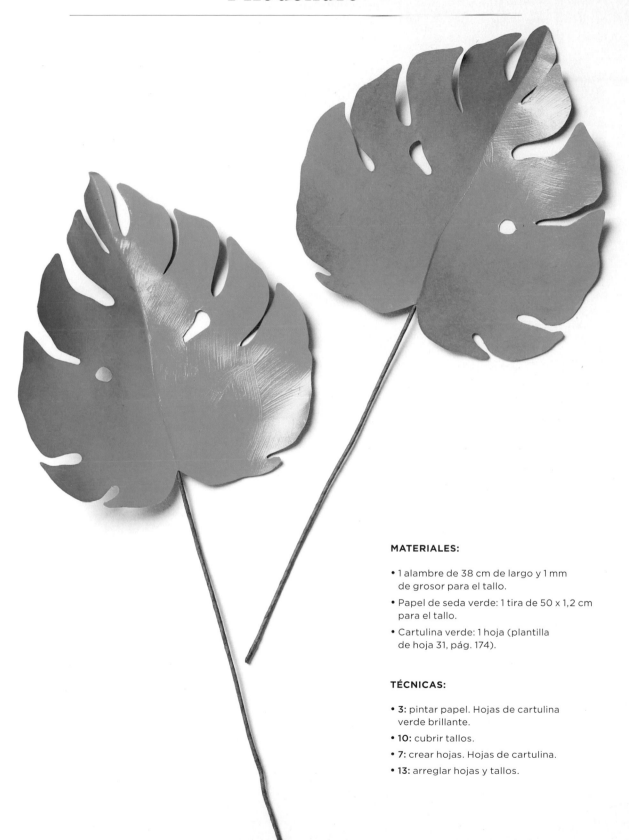

MATERIALES:

- 1 alambre de 38 cm de largo y 1 mm de grosor para el tallo.
- Papel de seda verde: 1 tira de 50 x 1,2 cm para el tallo.
- Cartulina verde: 1 hoja (plantilla de hoja 31, pág. 174).

TÉCNICAS:

- **3:** pintar papel. Hojas de cartulina verde brillante.
- **10:** cubrir tallos.
- **7:** crear hojas. Hojas de cartulina.
- **13:** arreglar hojas y tallos.

Crotón

MATERIALES:

- 1 alambre de 30 cm de largo y 0,8 mm de grosor para el tallo.
- Papel de seda rojo: 1 tira de 38 x 1,2 cm para el tallo.
- Cartulina roja: 1 hoja (plantilla de hoja 2, pág. 168).

TÉCNICAS:

- **3:** pintar papel. Pinte las hojas de cartulina.
- **7:** crear hojas. Hojas de cartulina.
- **10:** cubrir tallos.
- **13:** arreglar hojas y tallos.

Begonia «Escargot»

MATERIALES:

- 1 alambre de 30 cm de largo y 0,8 mm de grosor para el tallo.
- Papel de seda verde oscuro: 1 tira de 38 x 1,2 cm para el tallo.
- Cartulina verde oscuro: 1 hoja (plantilla de hoja 48, pág. 178).

TÉCNICAS:

- **3:** pintar papel. Pinte las hojas de cartulina.
- **7:** crear hojas. Hojas de cartulina.
- **10:** cubrir tallos.
- **13:** arreglar hojas y tallos.

Rosa de jardín

MATERIALES:

- 1 alambre de 23 cm de largo y 0,8 mm de grosor para el tallo.
- 2 alambres de 11 cm de largo y 0,8 mm de grosor para los tallos de las hojas.
- Papel de seda verde: 1 tira de 30 x 1,2 cm para el tallo, 2 tiras de 15 x 1,2 cm para los tallos de las hojas, 1 pieza para el cáliz (plantilla de puño 1, pág. 189).
- Papel de seda amarillo: 1 pieza de 7,5 x 12 cm para el centro mediano con flecos.
- Papel de seda amarillo claro o rosa claro sumergido en lejía, o papel de seda amarillo claro con rayas pintadas de color rosa claro: 8 piezas de pétalo pequeñas y 8-12 piezas de pétalo grandes (plantillas de pétalo 3 y 4, pág. 179).
- Cartulina verde: 2 hojas (plantilla de hoja 36, pág. 175).

TÉCNICAS:

- **2:** blanquear papel (sumergirlo para las rosas de color amarillo claro y rosa claro).
- **3:** pintar papel. Rayas de pintura acrílica (para la rosa amarilla con rayas rosas).
- **5:** crear centros. Centro mediano con flecos.
- **4:** arreglar pétalos. Curvar con tijera la parte superior de todos los pétalos (realice esta operación antes de ensamblar la flor).
- **4:** arreglar pétalos. Plegarlos y arrugarlos (en ese orden).
- **8:** sujetar pétalos. Pétalos sencillos (empiece disponiendo los 8 pétalos pequeños de manera aleatoria en torno al centro; a continuación, coloque los 8-12 pétalos grandes en torno a la flor).
- **9:** sujetar el cáliz.
- **7:** crear hojas. Hojas de cartulina.
- **10:** cubrir tallos.
- **12:** sujetar tallos adicionales. Flor sencilla.
- **13:** arreglar hojas y tallos.

Rosa Julieta

MATERIALES:

- 1 alambre de 23 cm de largo y 0,8 mm de grosor para el tallo.

- 1 alambre de 11 cm de largo y 0,8 mm de grosor para el tallo de la hoja.

- Papel de seda verde: 1 tira de 30 x 1,2 cm para el tallo, 1 tira de 15 x 1,2 cm para el tallo de la hoja, 1 pieza para el cáliz (plantilla de puño 1, pág. 189).

- Papel de seda naranja claro: 1 pieza de 7,5 x 12 cm para el centro mediano con flecos.

- Papel de seda rosa claro sumergido en tinte rosa más oscuro: 10 piezas de pétalo pequeñas, 15 piezas de pétalo medianas y 6 piezas de pétalo grandes (plantillas de pétalo 5, 7 y 8, pág. 179).

- Cartulina verde claro: 1 hoja (plantilla de hoja 36, pág. 175).

TÉCNICAS:

- **1:** teñir papel. Teñir papel de seda de color.

- **5:** crear centros. Centro mediano con flecos.

- **4:** arreglar pétalos. Arrugar todos los pétalos y plegar los 6 grandes.

- **8:** sujetar pétalos. Pétalos dobles (empiece con los 5 pétalos dobles pequeños y añada a continuación los 5 medianos; asegúrese de sujetar cada pétalo doble en el sentido de las agujas del reloj en torno a la flor).

- **8:** sujetar pétalos. Pétalos sencillos (después de sujetar los pétalos pequeños y medianos dobles, disponga los 5 pétalos sencillos medianos espaciados de forma aleatoria en torno a la flor, seguidos de los 5 pétalos grandes).

- **9:** sujetar el cáliz.

- **7:** crear hojas. Hojas de cartulina.

- **10:** cubrir tallos.

- **12:** sujetar tallos adicionales. Flor sencilla.

- **13:** arreglar hojas y tallos.

Zinnia

MATERIALES:

- 1 centro alargado de plastilina en
  1 tallo de alambre de 23 cm de largo
  y 0,8 mm de grosor.
- 4 alambres de 11 cm de largo y 0,65 mm
  de grosor para los tallos de las hojas.
- Papel de seda verde: 1 tira de 30 x 1,2 cm
  para el tallo, 4 tiras de 15 x 1,2 cm para
  los tallos de las hojas.
- Papel de seda rojo vino: 1 pieza de 5 x 5 cm
  para el centro de plastilina.
- Papel de seda amarillo dorado: 1 pieza
  de 5 x 7,5 cm para el centro pequeño
  con flecos.
- Papel de seda naranja: 6 piezas para
  los pétalos (plantilla de pétalo 45, pág. 187).
- Cartulina verde: 4 hojas (plantilla de hoja 37,
  pág. 175).

TÉCNICAS:

- **5:** crear centros. Centro alargado
  de plastilina.
- **5:** crear centros. Centro pequeño
  con flecos (colocarlo aproximadamente
  en la mitad del centro de plastilina).
- **4:** arreglar pétalos. Arrugarlos.
- **8:** sujetar pétalos. Pétalos continuos
  (forme 3 capas de 2 piezas de pétalo
  colocándolas de manera regular en torno
  al centro, y cubriendo los espacios vacíos
  entre esos pétalos).
- **7:** crear hojas. Hojas de cartulina.
- **10:** cubrir tallos.
- **12:** sujetar tallos adicionales. Flor sencilla
  (disponer las hojas en parejas debajo
  de la flor).
- **13:** arreglar hojas y tallos.

Equinácea

MATERIALES:

- 1 centro alargado de plastilina en 1 tallo de alambre de 23 cm de largo y 1 mm de grosor.
- 3 alambres de 11 cm de largo y 0,8 mm de grosor para los tallos de las hojas.
- Papel de seda verde claro: 1 tira de 30 x 1,2 cm para el tallo, 3 tiras de 15 x 1,2 cm para los tallos de las hojas.
- Papel de seda naranja: 1 pieza de 5 x 5 cm para el centro de plastilina.
- Papel de seda fucsia: 6 piezas para los pétalos (plantilla de pétalo 46, pág. 187).
- Cartulina verde claro: 3 hojas (plantillas de hoja 22 y 23, pág. 172).

TÉCNICAS:

- **5:** crear centros. Centro alargado de plastilina.
- **3:** pintar papel (rotulador con base de alcohol; cree puntos naranjas en la parte superior del centro de papel de seda naranja).
- **4:** arreglar pétalos. Arrugarlos.
- **8:** sujetar pétalos. Pétalos continuos (coloque los pétalos en torno a la parte inferior del centro de plastilina, no directamente en el tallo de alambre; disponga 3 piezas de pétalo de manera uniforme en torno al centro y añada después los 3 últimos pétalos en una segunda capa).
- **4:** arreglar pétalos. Curvarlos con una tijera (curvar todos los pétalos hacia abajo).
- **7:** crear hojas. Hojas de cartulina.
- **10:** cubrir tallos.
- **12:** sujetar tallos adicionales. Flor sencilla.
- **13:** arreglar hojas y tallos.

Rudbeckia

MATERIALES:

- 1 centro alargado de plastilina
  en 1 tallo de alambre de 23 cm
  de largo y 1 mm de grosor.

- 2 alambres de 11 cm de largo y 0,8 mm
  de grosor para los tallos de las hojas.

- Papel de seda verde: 1 tira de 30 x 1,2 cm
  para el tallo, 2 tiras de 15 x 1,2 cm para
  los tallos de las hojas.

- Papel de seda marrón: 1 pieza de 5 x 5 cm
  para el centro de plastilina.

- Papel de seda amarillo dorado: 6 piezas
  para los pétalos (plantilla de pétalo 46,
  pág. 187).

- Cartulina verde: 2 hojas (plantillas
  de hoja 22 y 23, pág. 172).

TÉCNICAS:

- **5:** crear centros. Centro alargado
  de plastilina.

- **4:** arreglar pétalos. Arrugarlos.

- **8:** sujetar pétalos. Pétalos continuos
  (coloque los pétalos en torno a la
  parte inferior del centro de plastilina,
  no directamente en el tallo de alambre;
  disponga 3 piezas de pétalo de manera
  uniforme en torno al centro y añada
  después los 3 últimos pétalos en una
  segunda capa).

- **4:** arreglar pétalos. Curvarlos con una tijera
  (curve solo algunos pétalos para lograr
  un aspecto natural).

- **7:** crear hojas. Hojas de cartulina.

- **10:** cubrir tallos.

- **12:** sujetar tallos adicionales. Flor sencilla.

- **13:** arreglar hojas y tallos.

Margarita Shasta

MATERIALES:

- 1 centro redondo de plastilina en 1 tallo de alambre de 23 cm de largo y 0,8 mm de grosor.

- 1 brote de plastilina en un tallo de alambre de 23 cm de largo y 0,8 mm de grosor.

- 2 alambres de 11 cm de largo y 0,8 mm de grosor para los tallos de las hojas.

- Papel de seda verde: 1 tira de 30 x 1,2 cm para los tallos, 2 tiras de 15 x 1,2 cm para los tallos de las hojas.

- Papel de seda amarillo dorado: 1 pieza de 5 x 5 cm para el centro.

- Papel de seda blanco sumergido en agua: 1 pieza de 5 x 5 cm para el brote, 4 piezas para los pétalos (plantilla de pétalo 46, pág. 187).

- Cartulina verde: 2 hojas (plantilla de hoja 25, pág. 173).

TÉCNICAS:

- **1:** teñir papel (utilizar agua).

- **5:** crear centros. Centro redondo de plastilina.

- **4:** arreglar pétalos. Arrugarlos.

- **8:** sujetar pétalos. Pétalos continuos (coloque los 2 primeros pétalos de manera uniforme en torno al centro de plastilina; a continuación, añada las 2 piezas siguientes para rellenar los espacios vacíos en torno al centro).

- **6:** crear brotes y bayas. Brote redondo de plastilina.

- **7:** crear hojas. Hojas de cartulina.

- **10:** cubrir tallos.

- **12:** sujetar tallos adicionales. Flor sencilla.

- **13:** arreglar hojas y tallos.

Margarita africana

MATERIALES:

- 1 centro redondo de plastilina en 1 tallo de alambre de 23 cm de largo y 0,8 mm de grosor.
- 1 alambre de 11 cm de largo y 0,8 mm de grosor para el tallo de la hoja.
- Papel de seda verde: 1 tira de 30 x 1,2 cm para el tallo, 1 tira de 15 x 1,2 cm para el tallo de la hoja.
- Papel de seda azul oscuro o morado: 1 pieza de 5 x 5 cm para el centro de plastilina.
- Papel de seda lila: 2 piezas para los pétalos (plantilla de pétalo 45, pág. 187).
- Cartulina verde: 1 hoja (plantilla de hoja 46, pág. 176).

TÉCNICAS:

- **5:** crear centros. Centros de plastilina.
- **4:** arreglar pétalos. Arrugarlos.
- **8:** sujetar pétalos. Pétalos continuos (coloque el primer pétalo de manera uniforme en torno al centro de plastilina; a continuación, añada la segunda pieza para rellenar los espacios vacíos en torno al centro).
- **7:** crear hojas. Hojas de cartulina.
- **10:** cubrir tallos.
- **12:** sujetar tallos adicionales. Flor sencilla.
- **13:** arreglar hojas y tallos.

Margarita azul

MATERIALES:

- 8 tallos de alambre de 11 cm de largo y 0,65 mm de grosor (5 tallos para las flores pequeñas y 3 tallos para las hojas).
- 1 alambre de 23 cm de largo y 1 mm de grosor para el tallo principal.
- Papel de seda verde: 1 tira de 30 x 1,2 cm para el tallo principal, 8 tiras de 15 x 1,2 cm para los tallos pequeños.
- Papel de seda amarillo claro: 5 piezas de 5 x 7,5 cm para los centros con flecos.
- Papel de seda azul con rayas blanqueadas: 10 piezas para los pétalos, 2 piezas por flor pequeña (plantilla de pétalo 44, pág. 187).
- Cartulina verde: 3 hojas (plantillas de hoja 22 y 23, pág. 172).

TÉCNICAS:

- **2:** blanquear papel (rayas).
- **5:** crear centros. Centro pequeño con flecos.
- **4:** arreglar pétalos. Arrugarlos.
- **8:** sujetar pétalos. Pétalos continuos (coloque 2 piezas de pétalo de manera uniforme en torno a cada centro con flecos).
- **7:** crear hojas. Hojas de cartulina.
- **10:** cubrir tallos.
- **12:** sujetar tallos adicionales. Espiga.
- **13:** arreglar hojas y tallos.

Cosmos

MATERIALES:

- 1 alambre de 30 cm de largo y 0,8 mm de grosor para el tallo.
- 1 alambre de 11 cm de largo y 0,8 mm de grosor para el tallo de la hoja.
- Papel de seda verde claro: 1 tira de 38 x 1,2 cm para el tallo, 1 tira de 15 x 1,2 cm para el tallo de la hoja.
- Papel de seda amarillo dorado: 1 pieza de 5 x 7,5 cm para el centro pequeño de flecos.
- Papel de seda fucsia con rayas pintadas en rosa fuerte: 8 piezas para los pétalos (plantilla de pétalo 42, pág. 187).
- Cartulina verde claro: 1 hoja (plantilla de hoja 25, pág. 173).

TÉCNICAS:

- **3:** pintar papel. Rayas con pintura acrílica.
- **5:** crear centros. Centro pequeño con flecos.
- **4:** arreglar pétalos. Arrugarlos.
- **8:** sujetar pétalos. Pétalos continuos (corte los pétalos como una pieza continua y divida esta por la mitad, trabajando con 4 pétalos a la vez y colocándolos de manera uniforme en torno al centro con flecos).
- **7:** crear hojas. Hojas de cartulina.
- **10:** cubrir tallos.
- **12:** sujetar tallos adicionales. Flor sencilla.
- **13:** arreglar hojas y tallos.

Cosmos chocolate

MATERIALES:

- 1 alambre de 30 cm de largo y 0,8 mm de grosor para el tallo.
- 2 alambres de 11 cm de largo y 0,8 mm de grosor para los tallos de las hojas.
- Papel de seda verde claro: 1 tira de 38 x 1,2 cm para el tallo, 2 tiras de 15 x 1,2 cm para los tallos de las hojas.
- Papel de seda marrón: 1 pieza de 5 x 7,5 cm para el centro pequeño de flecos.
- Papel de seda rojo vino: 8 piezas para los pétalos (plantilla de pétalo 43, pág. 187).
- Cartulina verde claro: 2 hojas (plantillas de hoja 22 y 23, pág. 172).

TÉCNICAS:

- **5:** crear centros. Centro pequeño con flecos.
- **4:** arreglar pétalos. Arrugarlos.
- **8:** sujetar pétalos. Pétalos continuos (corte los pétalos como una pieza continua y divida esta por la mitad, trabajando con 4 pétalos a la vez y colocándolos de manera uniforme en torno al centro con flecos).
- **7:** crear hojas. Hojas de cartulina.
- **10:** cubrir tallos.
- **12:** sujetar tallos adicionales. Flor sencilla.
- **13:** arreglar hojas y tallos.

Fresia

MATERIALES:

- 3 estambres individuales amarillos
  en 3 alambres de 11 cm de largo
  y 0,65 mm de grosor.

- 2 alambres de 11 cm de largo y 0,65 mm
  de grosor para los brotes.

- 1 alambre de 30 cm de largo y 1 mm
  de grosor para el tallo principal.

- Papel de seda verde: 1 tira de
  38 x 1,2 cm para el tallo principal,
  5 tiras de 15 x 1,2 cm para los tallos
  pequeños.

- Papel de seda naranja claro con rayas
  blanqueadas: 4 piezas para los pétalos
  cortadas por la mitad, 2 mitades
  por flor pequeña y 1 pieza repartida
  entre 2 brotes (plantilla de pétalo 30,
  pág. 185).

- Cartulina verde claro: 2 hojas (plantilla
  de hoja 14, pág. 170).

TÉCNICAS:

- **2:** blanquear papel (rayas).

- **5:** crear centros. Estambre individual.

- **8:** sujetar pétalos. Pétalos acampanados
  (para crear estas flores con forma de
  campana con 2 capas de pétalos resulta
  más sencillo pegar las 2 piezas con una
  línea de pegamento en la parte inferior
  antes de crear la forma de campana).

- **4:** arreglar pétalos. Bordes curvados.

- **6:** crear brotes y bayas (brotes de pétalos).

- **7:** crear hojas. Hojas de cartulina.

- **10:** cubrir tallos.

- **11:** sujetar hojas. Hojas de cartulina.

- **12:** sujetar tallos adicionales. Espiga
  (disponga los 2 brotes de pétalos en la
  parte superior de la espiga y a continuación
  añada las 3 flores).

- **13:** arreglar hojas y tallos.

Nardo

MATERIALES:

- 6 estambres individuales de color amarillo claro en 6 alambres de 11 cm de largo y 0,65 mm de grosor.

- 1 alambre de 30 cm de largo y 1 mm de grosor para el tallo principal.

- Papel de seda verde claro: 1 tira de 38 x 1,2 cm para el tallo principal, 6 tiras de 15 x 1,2 cm para los tallos pequeños.

- Papel de seda crema: 9 piezas para los pétalos, crear 3 flores más grandes con 2 piezas cada una y 3 flores más pequeñas con 1 pieza cada una (plantilla de pétalo 30, pág. 185).

- Cartulina verde claro: 2 hojas (plantilla de hoja 14, pág. 170).

TÉCNICAS:

- **5:** crear centros. Estambre individual.

- **4:** arreglar pétalos. Arrugarlos.

- **8:** sujetar pétalos. Pétalos continuos (disponga 1 pieza de pétalo de manera uniforme en torno a cada centro; para las 3 flores grandes añada una segunda pieza de pétalo de manera uniforme detrás de la primera).

- **7:** crear hojas. Hojas de cartulina.

- **10:** cubrir tallos.

- **11:** sujetar hojas. Hojas de cartulina.

- **12:** sujetar tallos adicionales. Espiga (disponga las 3 flores pequeñas en la parte superior de la espiga y, a continuación, añada las 3 grandes debajo).

- **13:** arreglar hojas y tallos.

Ixia turquesa

MATERIALES:

- 6 estambres individuales grises en 6 alambres de 11 cm de largo y 0,65 mm de grosor.
- 1 alambre de 30 cm de largo y 1 mm de grosor para el tallo principal.
- Papel de seda verde claro: 1 tira de 38 x 1,2 cm para el tallo principal, 6 tiras de 15 x 1,2 cm para los tallos pequeños.
- Papel de seda azul con rayas blanqueadas: 6 piezas para los pétalos, 1 pieza por flor pequeña (plantilla de pétalo 30, pág. 185).
- Cartulina verde claro: 2 hojas (plantilla de hoja 14, pág. 170).

TÉCNICAS:

- **2:** blanquear papel. Rayas.
- **5:** crear centros. Estambre individual.
- **4:** arreglar pétalos. Arrugarlos.
- **8:** sujetar pétalos. Pétalos continuos.
- **7:** crear hojas. Hojas de cartulina.
- **10:** cubrir tallos.
- **11:** sujetar hojas. Hojas de cartulina.
- **12:** sujetar tallos adicionales. Espiga (sujete las flores en el tallo principal en una fila recta).
- **13:** arreglar hojas y tallos.

Clemátide

MATERIALES:

- 4 alambres de 11 cm de largo y 0,8 mm de grosor para los tallos (1 tallo para la flor y 3 tallos para las hojas).
- 2 alambres de 46 cm de largo y 1 mm de grosor unidos con cinta para el tallo principal.
- Papel de seda verde claro: 1 tira de 50 x 1,2 cm para el tallo principal, 4 tiras de 15 x 1,2 cm para los tallos pequeños.
- Papel de seda amarillo claro: 1 pieza de 7,5 x 25 cm para el centro grande con flecos.
- Papel de seda morado sumergido en agua: 16 piezas para los pétalos, 2 piezas por pétalo (plantilla de pétalo 37, pág. 186).
- Cartulina verde claro: 3 hojas (plantillas de hoja 10, 11 y 12, pág. 170)

TÉCNICAS:

- **1:** teñir papel (utilizar agua).
- **5:** crear centros. Centro grande con flecos.
- **4:** arreglar pétalos. Plegarlos y arrugarlos (empiece plegando los pétalos y después arrúguelos en torno al centro).
- **8:** sujetar pétalos. Pétalos dobles (disponga 4 pétalos dobles para la primera capa en torno al centro, y rellene los espacios con los últimos 4 pétalos dobles).
- **7:** crear hojas. Hojas de cartulina.
- **10:** cubrir tallos.
- **12:** sujetar tallos adicionales. Enredadera (empiece con una hoja pequeña en la parte superior de la enredadera; añada otra hoja antes de incorporar la flor, a 23 cm de la parte superior del tallo principal).
- **13:** arreglar hojas y tallos.

Nenúfar

MATERIALES:

- 1 centro de plastilina en un tallo de alambre de 23 cm de largo y 1 mm de grosor.
- Papel de seda verde claro: 1 tira de 30 x 1,2 cm para el tallo.
- Papel de seda amarillo claro: 1 pieza de 7,5 x 7,5 cm para el centro de plastilina.
- Papel de seda amarillo dorado: 1 pieza de 7,5 x 12 cm para el centro mediano con flecos.
- Papel de seda blanco teñido con tintes amarillo, melocotón y rosa: 48 piezas de pétalo para crear 24 pétalos dobles (8 amarillos, 8 de color melocotón y 8 rosas; plantilla de pétalo 37, pág. 186).
- Cartulina verde claro: 1 hoja (plantilla de hoja 47, pág. 177).

TÉCNICAS:

- **1:** teñir papel (papel de seda blanco).
- **5:** crear centros. Centro de plastilina.
- **3:** pintar papel. Rotulador con base de alcohol (para crear toques de color en el centro de plastilina).
- **5:** crear centros. Centro mediano con flecos.
- **4:** arreglar pétalos. Arrugar y plegar todos los pétalos.
- **8:** sujetar pétalos. Pétalos dobles (trabajando con 4 pétalos dobles a la vez por capa, disponga todos los pétalos de forma regular y simétrica en torno al centro; para el efecto sombreado, sujete primero los pétalos amarillos, después los de color melocotón y, por último, los rosas).
- **7:** crear hojas. Hojas de cartulina.
- **4:** arreglar pétalos. Agujerear (para añadir la hoja, agujeree la cartulina donde debe ir la base de la flor).
- **10:** cubrir tallos.
- **11:** sujetar hojas. Hojas de cartulina.
- **12:** sujetar tallos adicionales. Flor sencilla.
- **13:** arreglar hojas y tallos.

Trilio

MATERIALES:

- 1 alambre de 23 cm de largo y 0,8 mm de grosor para el tallo.
- 3 alambres de 11 cm de largo y 0,8 mm de grosor para los tallos de las hojas.
- Papel de seda verde: 1 tira de 30 x 1,2 cm para el tallo principal, 3 tiras de 15 x 1,2 cm para los tallos de las hojas, 6 piezas de pétalo para crear 3 pétalos dobles (plantilla de pétalo 36, pág. 186).
- Papel de seda amarillo claro: 1 picza de 5 x 7,5 cm para el centro pequeño con flecos.
- Papel de seda blanco: 6 piezas de pétalo para crear 3 pétalos dobles (plantilla de pétalo 36, pág. 186).
- Cartulina verde claro: 3 hojas (plantilla de hoja 43, pág. 176).

TÉCNICAS:

- **5:** crear centros. Centro pequeño con flecos.
- **4:** arreglar pétalos. Plegarlos.
- **8:** sujetar pétalos. Pétalos dobles (empiece disponiendo los 3 pétalos blancos de manera uniforme en torno al centro con flecos; añada a continuación los pétalos verdes entre los blancos).
- **7:** crear hojas. Hojas de cartulina.
- **10:** cubrir tallos.
- **12:** sujetar tallos adicionales. Flor sencilla (centre cada hoja debajo de un pétalo blanco y junte los tallos con el tallo principal a la misma altura).
- **13:** arreglar hojas y tallos.

Buganvilla

MATERIALES:

- 3 estambres individuales rosas en 3 alambres de 11 cm de largo y 0,8 mm de grosor.
- 9 alambres de 11 cm de largo y 0,2 mm de grosor para los pétalos, 3 pétalos con alambre por flor pequeña.
- 3 alambres de 11 cm de largo y 0,8 mm de grosor para los tallos de las hojas.
- 1 alambre de 23 cm de largo y 1 mm de grosor para el tallo principal.
- Papel de seda verde: 1 tira de 30 x 1,2 cm para el tallo principal, 12 tiras de 15 x 1,2 cm para sujetar los tallos pequeños.
- Papel de seda rosa fuerte: 18 pétalos, 2 piezas por pétalo con alambre (plantilla de hoja 37, pág. 175).
- Cartulina verde: 3 hojas (plantilla de hoja 37, pág. 175).

TÉCNICAS:

- **5:** crear centros. Estambre múltiple.
- **8:** sujetar pétalos. Pétalos con alambre (disponga 3 pétalos de manera uniforme en torno a cada centro).
- **4:** arreglar pétalos. Curvar los alambres de los pétalos por el borde.
- **10:** cubrir tallos.
- **7:** crear hojas. Hojas de cartulina.
- **12:** sujetar tallos adicionales. Ramillete.
- **13:** arreglar hojas y tallos.

Azucena amarilla

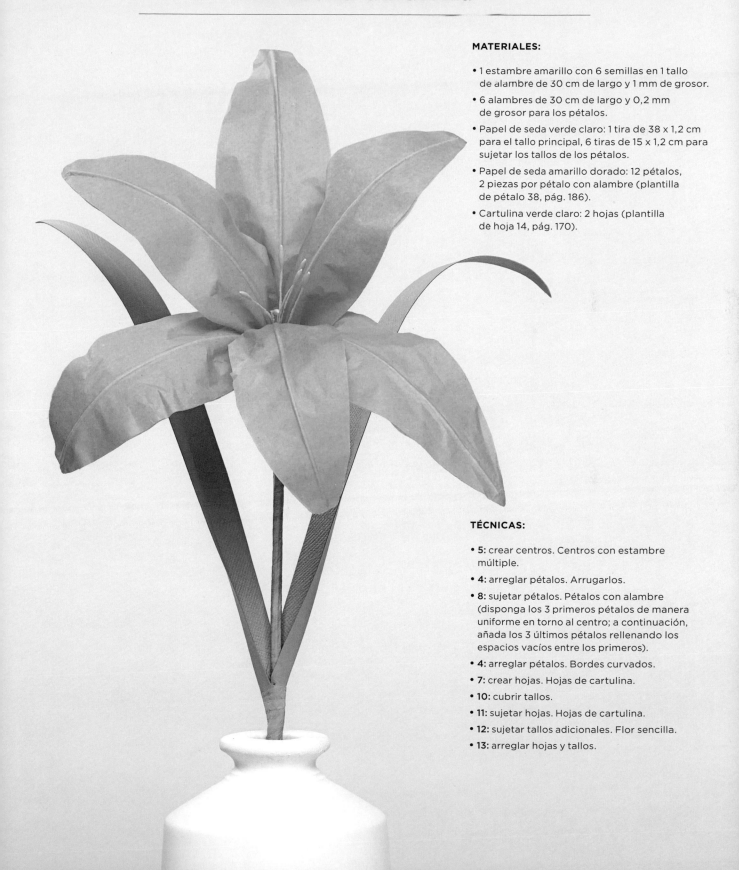

MATERIALES:

- 1 estambre amarillo con 6 semillas en 1 tallo de alambre de 30 cm de largo y 1 mm de grosor.
- 6 alambres de 30 cm de largo y 0,2 mm de grosor para los pétalos.
- Papel de seda verde claro: 1 tira de 38 x 1,2 cm para el tallo principal, 6 tiras de 15 x 1,2 cm para sujetar los tallos de los pétalos.
- Papel de seda amarillo dorado: 12 pétalos, 2 piezas por pétalo con alambre (plantilla de pétalo 38, pág. 186).
- Cartulina verde claro: 2 hojas (plantilla de hoja 14, pág. 170).

TÉCNICAS:

- **5:** crear centros. Centros con estambre múltiple.
- **4:** arreglar pétalos. Arrugarlos.
- **8:** sujetar pétalos. Pétalos con alambre (disponga los 3 primeros pétalos de manera uniforme en torno al centro; a continuación, añada los 3 últimos pétalos rellenando los espacios vacíos entre los primeros).
- **4:** arreglar pétalos. Bordes curvados.
- **7:** crear hojas. Hojas de cartulina.
- **10:** cubrir tallos.
- **11:** sujetar hojas. Hojas de cartulina.
- **12:** sujetar tallos adicionales. Flor sencilla.
- **13:** arreglar hojas y tallos.

Lirio de tigre

MATERIALES:

- 2 estambres de color rojo vino con 6 semillas en 2 tallos de alambre de 30 cm de largo y 1 mm de grosor.

- 1 alambre de 30 cm de largo y 1 mm de grosor para el brote.

- 15 alambres de 30 cm de largo y 0,2 mm de grosor para los pétalos.

- 6 alambres de 11 cm de largo y 0,8 mm de grosor para los tallos de las hojas.

- Papel de seda verde: 3 tiras de 38 x 1,2 cm para los tallos principales, 21 tiras de 15 x 1,2 cm para sujetar los tallos de los pétalo y las hojas.

- Papel de seda naranja con motas de color rojo vino: 30 piezas de pétalos, 2 piezas por pétalo con alambre para crear 2 flores con 6 pétalo y 1 brote con 3 pétalos (plantilla de pétalo 38, pág. 186).

- Cartulina verde: 6 hojas (plantilla de hoja 35, pág. 175).

TÉCNICAS:

- **5:** crear centros. Centro con estambre múltiple.

- **3:** pintar papel. Rotulador con base de alcohol (para las motas de los pétalos).

- **4:** arreglar pétalos. Arrugarlos.

- **8:** sujetar pétalos. Pétalos con alambre (disponga los 3 primeros pétalos de manera uniforme en torno al centro; a continuación, añada los 3 últimos pétalos rellenando los espacios vacíos entre los primeros).

- **4:** arreglar pétalos. Bordes curvados.

- **7:** crear hojas. Hojas de cartulina.

- **10:** cubrir tallos.

- **11:** sujetar hojas. Hojas de cartulina.

- **12:** sujetar tallos adicionales. Ramillete (disponga las hojas a pares por debajo de las flores y el brote; asegúrese de unir los pares de hojas en direcciones alternas).

- **13:** arreglar hojas y tallos.

Lirio Stargazer

MATERIALES:

- 1 estambre rojo vino con 6 semillas en 1 tallo de alambre de 30 cm de largo y 1 mm de grosor.
- 6 alambres de 30 cm de largo y 0,2 mm de grosor para los pétalos.
- 6 alambres de 11 cm de largo y 0,8 mm de grosor para los tallos de las hojas.
- Papel de seda verde: 1 tira de 38 x 1,2 cm para el tallo principal, 12 tiras de 15 x 1,2 cm para sujetar los tallos de los pétalos y las hojas.
- Papel de seda blanco pintado de rosa con motas de color rojo vino: 12 piezas de pétalo, 2 piezas por pétalo con alambre (plantilla de pétalo 38, pág. 186).
- Cartulina verde: 6 hojas (plantilla de hoja 35, pág. 175).

TÉCNICAS:

- **5:** crear centros. Centro con estambre múltiple.
- **3:** pintar papel. Pintar cada pétalo y utilizar un rotulador con base de alcohol para las motas.
- **4:** arreglar pétalos. Arrugarlos.
- **8:** sujetar pétalos. Pétalos con alambre (disponga los 3 primeros pétalos de manera uniforme en torno al centro; a continuación, añada los 3 últimos pétalos rellenando los espacios vacíos entre los primeros).
- **4:** arreglar pétalos. Bordes curvados.
- **7:** crear hojas. Hojas de cartulina.
- **10:** cubrir tallos.
- **12:** sujetar tallos adicionales. Flor sencilla (disponga las hojas a pares a lo largo del tallo; asegúrese de unir los pares de hojas en direcciones alternas).
- **13:** arreglar hojas y tallos.

Amarilis

MATERIALES:

- 2 estambres triples amarillos en 2 tallos de alambre de 30 cm de largo y 0,8 mm de grosor.

- 12 alambres de 30 cm de largo y 0,2 mm de grosor para los pétalos, 6 pétalos con alambre por flor.

- 1 alambre de 23 cm de largo y 1 mm de grosor para el tallo principal.

- Papel de seda verde: 1 tira de 30 x 1,2 cm para el tallo principal, 14 tiras de 15 x 1,2 cm para sujetar los tallos pequeños.

- Papel de seda rojo con rayas blanqueadas: 24 piezas de pétalo, 2 piezas por pétalo con alambre (plantilla de pétalo 51, pág. 188).

- Cartulina verde: 2 hojas (plantilla de hoja 51, pág. 178).

TÉCNICAS:

- **2:** blanquear papel. Rayas.
- **5:** crear centros. Centro con estambres.
- **4:** arreglar pétalos. Arrugarlos.
- **8:** sujetar pétalos. Pétalos con alambre (disponga los 3 primeros pétalos de manera uniforme en torno al centro; a continuación, añada los 3 últimos pétalos rellenando los espacios vacíos entre los primeros).
- **4:** arreglar pétalos. Bordes curvados.
- **10:** cubrir tallos.
- **7:** crear hojas. Hojas de cartulina.
- **11:** sujetar hojas. Hojas de cartulina.
- **12:** sujetar tallos adicionales. Ramillete.
- **13:** arreglar hojas y tallos.

Iris

MATERIALES:

- 6 alambres de 30 cm de largo y 0,2 mm de grosor para los pétalos.

- 1 alambre de 23 cm de largo y 1 mm de grosor para el tallo principal.

- Papel de seda verde claro: 1 tira de 30 x 1,2 cm para el tallo principal, 6 tiras de 15 x 1,2 cm para sujetar los tallos pequeños.

- Papel de seda amarillo claro: 6 piezas para los pétalos barbados; cree pétalos dobles para los 3 pétalos exteriores (plantilla de pétalo 52, pág. 188).

- Papel de seda morado sumergido en lejía: 12 piezas de pétalo, 2 piezas por pétalo con alambre (plantilla de pétalo 51, pág. 188).

- Cartulina verde claro: 2 hojas (plantilla de hoja 14, pág. 170).

TÉCNICAS:

- **2:** blanquear papel. Sumergirlo.

- **4:** arreglar pétalos. Arrugarlos.

- **8:** sujetar pétalos. Pétalos con alambre (disponga los 3 primeros pétalos interiores de manera uniforme en el extremo del tallo principal; a continuación, añada los 3 pétalos exteriores con el pétalo barbado amarillo rellenando los espacios vacíos entre los primeros).

- **4:** arreglar pétalos. Bordes curvados para los pétalos con alambre (utilice los dedos para curvar los alambres hacia el centro; los pétalos exteriores deberían curvarse hacia abajo).

- **7:** crear hojas. Hojas de cartulina.

- **10:** cubrir tallos.

- **11:** sujetar hojas. Hojas de cartulina.

- **12:** sujetar tallos adicionales. Flor sencilla.

- **13:** arreglar hojas y tallos.

Espuela de caballero

MATERIALES:

- 6 estambres individuales negros en 6 tallos de alambre de 11 cm de largo y 0,65 mm de grosor.

- 2 alambres de 11 cm de largo y 0,65 mm de grosor para los tallos de las hojas.

- 1 alambre de 46 cm de largo y 1 mm de grosor para el tallo principal.

- Papel de seda verde claro: 1 tira de 50 x 1,2 cm para el tallo principal, 8 tiras de 15 x 1,2 cm para los tallos pequeños.

- Papel de seda blanco: 6 piezas para los puños (plantilla de puño 4, pág. 189).

- Papel de seda azul: 36 piezas pequeñas y 15 grandes para los pétalos, 6 pétalos pequeños por flor y 5 pétalos grandes para 3 flores que quedarán más voluminosas (plantillas de pétalo 20 y 21, pág. 183).

- Cartulina verde claro: 2 hojas (plantilla de hoja 21, pág. 172).

TÉCNICAS:

- **5:** crear centros. Estambre individual con puño.

- **4:** arreglar pétalos. Arrugarlos.

- **8:** sujetar pétalos. Pétalos sencillos (disponga 6 pétalos pequeños en torno al centro con puño de cada flor; añada 5 pétalos grandes a 3 flores para que queden más voluminosas).

- **7:** crear hojas. Hojas de cartulina.

- **10:** cubrir tallos.

- **12:** sujetar tallos adicionales. Espiga (disponga las 3 flores más pequeñas en la parte superior de la espiga, y después las más grandes. Acabe con las hojas al final de la secuencia).

- **13:** arreglar hojas y tallos.

Gladiolo

MATERIALES:

- 4 estambres individuales grises en tallos de alambre de 11 cm de largo y 0,65 mm de grosor.

- 2 alambres de 11 cm de largo y 0,65 mm de grosor para los brotes.

- 1 alambre de 46 cm de largo y 1 mm de grosor para el tallo principal.

- Papel de seda verde claro: 1 tira de 50 x 1,2 cm para el tallo principal, 6 tiras de 15 x 1,2 cm para los tallos pequeños.

- Papel de seda amarillo claro sumergido en lejía: 6 piezas pequeñas para los pétalos, 3 pétalos para cada uno de los 2 brotes, y 24 piezas de pétalo grandes, 6 pétalos para cada una de las 4 flores (plantillas de pétalo 20 y 21, pág. 183).

- Cartulina verde claro: 2 hojas (plantilla de hoja 14, pág. 170).

TÉCNICAS:

- **2:** blanquear papel. Sumergirlo.

- **5:** crear centros. Estambre individual.

- **4:** arreglar pétalos. Arrugarlos.

- **8:** sujetar pétalos. Pétalos sencillos (disponga 3 pétalos grandes de manera uniforme en torno a cada centro con estambre; añada 3 pétalos grandes de manera uniforme en torno a la primera capa de pétalos de cada flor).

- **4:** arreglar pétalos. Bordes curvados para los pétalos exteriores (utilice los dedos para curvar los 3 pétalos exteriores de cada flor).

- **6:** crear brotes y bayas. Brotes con pétalos (utilice 3 pétalos pequeños para cada brote).

- **7:** crear hojas. Hojas de cartulina.

- **10:** cubrir tallos.

- **11:** sujetar hojas. Hojas de cartulina.

- **12:** sujetar tallos adicionales. Espiga (disponga los 2 brotes de pétalos en el extremo superior de la espiga; añada a continuación las 4 flores).

- **13:** arreglar hojas y tallos.

Canna

MATERIALES:

- 3 estambres individuales de color rojo vino en 3 tallos de alambre de 11 cm de largo y 0,8 mm de grosor.
- 2 alambres de 15 cm de largo y 0,8 mm de grosor para los tallos de las hojas.
- 1 alambre de 46 cm de largo y 1 mm de grosor para el tallo principal.
- Papel de seda rojo vino: 1 tira de 50 x 1,2 cm para el tallo principal, 5 tiras de 15 x 1,2 cm para los tallos pequeños, y 5 piezas para los pétalos (plantilla de pétalo 20, pág. 183).
- Papel de seda naranja sumergido en agua: 15 piezas pequeñas y 15 grandes para los pétalos, 5 piezas de cada tamaño por flor (plantillas de pétalo 20 y 21, pág. 183).
- Cartulina de color rojo vino: 2 hojas (plantilla de hoja 16, pág. 171).

TÉCNICAS:

- **1:** teñir papel. Utilizar agua (para los pétalos naranjas).
- **5:** crear centros. Estambre individual.
- **4:** arreglar pétalos. Arrugarlos.
- **8:** sujetar pétalos. Pétalos sencillos (disponga 5 pétalos pequeños de manera uniforme en torno a cada centro con estambre; añada 5 pétalos grandes de manera uniforme en torno a los pétalos pequeños de cada flor).
- **4:** arreglar pétalos. Bordes curvados (utilice los dedos para curvar los pétalos grandes de cada flor).
- **7:** crear hojas. Hojas de cartulina.
- **10:** cubrir tallos.
- **11:** sujetar hojas. Hojas de papel de seda (para sujetar los pétalos de color rojo vino en el tallo principal).
- **12:** sujetar tallos adicionales. Espiga (disponga las hojas de papel de seda rojo vino y las flores en la parte superior del tallo principal; añada las hojas de cartulina en el otro extremo).
- **13:** arreglar hojas y tallos.

Jacinto

MATERIALES:

- 8 alambres de 11 cm de largo y 0,65 mm de grosor para los tallos.
- 1 alambre de 23 cm de largo y 1 mm de grosor para el tallo principal.
- Papel de seda verde claro: 1 tira de 30 x 1,2 cm para el tallo principal.
- Papel de seda morado: 8 tiras de 15 x 1,2 cm para los tallos pequeños, 8 piezas de pétalo pequeñas, 1 pieza por flor pequeña (plantilla de pétalo 11, pág. 180).
- Papel pinocho morado: 4 piezas para los pétalos grandes a fin de rellenar el espacio en el tallo principal (plantilla de pétalo 12, pág. 180).
- Cartulina verde claro: 2 hojas (plantilla de hoja 51, pág. 178).

TÉCNICAS:

- **4:** arreglar pétalos. Arrugarlos.
- **8:** sujetar pétalos. Pétalos continuos (sujete los pétalos pequeños en el extremo de los tallos pequeños o cubra la punta del alambre con papel de seda del mismo color y deje asomar una pequeña parte del alambre, como si fuese un estambre. Corte las secciones de pétalos grandes por la mitad y disponga los pétalos a lo largo del tallo principal utilizando la misma técnica).
- **4:** arreglar pétalos. Curvar todos los pétalos con tijera.
- **7:** crear hojas. Hojas de cartulina.
- **10:** cubrir tallos.
- **11:** sujetar hojas. Hojas de cartulina
- **12:** sujetar tallos adicionales. Espiga (sujete una flor pequeña en la parte superior del tallo principal; a continuación, añada una sección de pétalos grandes debajo de la flor para rellenar el espacio y lograr una forma más voluminosa. Añada la siguiente flor y otra sección de pétalos grandes. Repita con el resto de piezas).
- **13:** arreglar hojas y tallos.

Cadeneta de flores

PROYECTO

TÉCNICAS:

• páginas 162-163

Diadema de flores

PROYECTO

TÉCNICAS:

• páginas 164-165

Salvia escarlata

MATERIALES:

- 8 alambres de 11 cm de largo y 0,65 mm de grosor para los tallos.
- 3 alambres de 11 cm de largo y 0,65 mm de grosor para los tallos de las hojas.
- 1 alambre de 23 cm de largo y 1 mm de grosor para el tallo principal.
- Papel de seda verde: 1 tira de 30 x 1,2 cm para el tallo principal, 11 tiras de 15 x 1,2 cm para los tallos pequeños.
- Papel de seda rojo: 8 piezas pequeñas para los pétalos, 1 pieza por flor pequeña (plantilla de pétalo 11, pág. 180).
- Papel pinocho rojo: 2 piezas grandes para los pétalos grandes a fin de rellenar el espacio en la parte superior del tallo principal (plantilla de pétalo 12, pág. 180).
- Cartulina verde: 3 hojas (plantilla de hoja 13, pág. 170).

TÉCNICAS:

- **4:** arreglar pétalos. Arrugarlos.
- **8:** sujetar pétalos. Pétalos continuos (sujete los pétalos pequeños en el extremo de los tallos pequeños o cubra la punta del alambre con papel de seda del mismo color y deje asomar una pequeña parte del alambre, como si fuese un estambre. Corte las secciones de pétalos grandes por la mitad y disponga los pétalos a lo largo del tallo principal utilizando la misma técnica).
- **4:** arreglar pétalos. Curvar todos los pétalos con tijera.
- **7:** crear hojas. Hojas de cartulina.
- **10:** cubrir tallos.
- **12:** sujetar tallos adicionales. Espiga (sujete una flor pequeña en la parte superior del tallo principal; a continuación, añada una sección de pétalos grandes debajo de la flor para rellenar el espacio y lograr una forma más voluminosa. Añada la siguiente flor y otra sección de pétalos grandes. Continúe con las dos flores siguientes y los pétalos grandes. Coloque las 3 últimas flores más espaciadas en el tallo principal).
- **13:** arreglar hojas y tallos.

Campanas de Irlanda

MATERIALES:

- 7 estambres individuales de color amarillo claro en 7 tallos de alambre de 11 cm de largo y 0,65 mm de grosor.

- 2 alambres de 11 cm de largo y 0,65 mm de grosor para los tallos de las hojas.

- 1 alambre de 46 cm de largo y 1 mm de grosor para el tallo principal.

- Papel de seda verde claro: 1 tira de 30 x 1,2 cm para el tallo principal, 9 tiras de 15 x 1,2 cm para los tallos pequeños, 7 piezas de pétalo (plantilla de pétalo 24, pág. 184).

- Cartulina verde: 2 hojas (plantilla de hoja 20, pág. 172).

TÉCNICAS:

- **5:** crear centros. Estambre individual.

- **4:** arreglar pétalos. Pétalos con forma de campana.

- **7:** crear hojas. Hojas de cartulina.

- **10:** cubrir tallos.

- **12:** sujetar tallos adicionales. Espiga (sujete una flor en la parte superior del tallo principal y disponga el resto de flores en parejas a lo largo del tallo principal, con las hojas al final).

- **13:** arreglar hojas y tallos.

Narciso

MATERIALES:

- 1 estambre triple amarillo pálido en un tallo de alambre de 23 cm de largo y 1 mm de grosor.
- Papel de seda verde claro: 1 tira de 30 x 1,2 cm para el tallo principal.
- Papel de seda o pinocho amarillo: 1 pieza de pétalo para el centro (plantilla de pétalo 26, pág. 184).
- Papel de seda amarillo claro sumergido en lejía: 12 piezas de pétalo, 2 piezas por pétalo (plantilla de pétalo 25, pág. 184).
- Cartulina verde claro: 2 hojas (plantilla de hoja 51, pág. 178).

TÉCNICAS:

- **2:** blanquear papel. Sumergir los pétalos exteriores.
- **5:** crear centros. Estambre múltiple.
- **8:** sujetar pétalos. Pétalos con forma de campana (para el pétalo central).
- **4:** arreglar pétalos. Plegar los pétalos dobles exteriores.
- **8:** sujetar pétalos. Pétalos dobles (disponga los 3 primeros pétalos dobles de manera uniforme en torno al pétalo central acampanado; rellene los espacios con los 3 últimos pétalos dobles).
- **7:** crear hojas. Hojas de cartulina.
- **10:** cubrir tallos.
- **11:** sujetar hojas. Hojas de cartulina.
- **12:** sujetar tallos adicionales. Flor sencilla.
- **13:** arreglar hojas y tallos.

Corona imperial

MATERIALES:

- 3 estambres individuales de color rojo vino en 3 tallos de alambre de 11 cm de largo y 0,65 mm de grosor.
- 1 alambre de 38 cm de largo y 1 mm de grosor para el tallo principal.
- Papel de seda verde: 1 tira de 50 x 1,2 cm para el tallo principal, 3 tiras de 15 x 1,2 cm para los tallos pequeños.
- Papel de seda rojo vino sumergido en lejía: 3 piezas de pétalo (plantilla de pétalo 27, pág. 184).
- Cartulina verde: 2 hojas (plantilla de hoja 51, pág. 178).

TÉCNICAS:

- **2:** blanquear papel. Sumergirlo.
- **5:** crear centros. Estambre individual.
- **8:** sujetar pétalos. Pétalos con forma de campana.
- **4:** arreglar pétalos. Bordes curvados.
- **7:** crear hojas. Hojas de cartulina.
- **10:** cubrir tallos.
- **11:** sujetar hojas. Hojas de cartulina.
- **12:** sujetar tallos adicionales. Espiga.
- **13:** arreglar hojas y tallos.

Lirio de los valles

MATERIALES:

- 10 estambres individuales de color amarillo claro en 10 tallos de alambre de 11 cm de largo y 0,65 mm de grosor.

- 3 alambres de 11 cm de largo y 0,65 mm de grosor para los tallos de las hojas.

- 2 alambres de 30 cm de largo y 1 mm de grosor para los tallos principales.

- Papel de seda verde claro: 2 tiras de 38 x 1,2 cm para el tallo principal, 13 tiras de 15 x 1,2 cm para los tallos pequeños.

- Papel de seda blanco: 10 piezas de pétalo, 1 pieza por flor pequeña (plantilla de pétalo 32, pág. 185).

- Cartulina verde claro: 3 hojas (plantilla de hoja 7, pág. 169).

TÉCNICAS:

- **5:** crear centros. Estambre individual.
- **8:** sujetar pétalos. Pétalos con forma de campana.
- **7:** crear hojas. Hojas de cartulina.
- **10:** cubrir tallos.
- **12:** sujetar tallos adicionales. Espiga.
- **13:** arreglar hojas y tallos.

Dedalera

MATERIALES:

- 12 estambres individuales de color rojo vino en 12 tallos de alambre de 11 cm de largo y 0,65 mm de grosor.
- 3 brotes de plastilina en 3 tallos de alambre de 11 cm de largo y 0,65 mm de grosor.
- 2 alambres de 11 cm de largo y 0,65 mm de grosor para los tallos de las hojas.
- 1 alambre de 46 cm de largo y 1 mm de grosor para el tallo principal.
- Papel de seda verde: 1 tira de 50 x 1,2 cm para el tallo principal, 17 tiras de 15 x 1,2 cm para los tallos pequeños.
- Papel de seda rosa fuerte sumergido en lejía con motas de pintura de color rojo vino: 3 piezas de 5 x 5 cm para los brotes, 6 piezas de pétalo pequeño y 6 piezas de pétalo grande (plantillas de pétalo 28 y 29, pág. 184.
- Cartulina verde: 2 hojas (plantilla de hoja 8, pág. 169).

TÉCNICAS:

- **2:** blanquear papel. Sumergirlo.
- **3:** pintar papel. Acuarela o tinta acrílica para el moteado.
- **5:** crear centros. Estambre individual.
- **8:** sujetar pétalos. Pétalos con forma de campana.
- **6:** crear brotes y bayas. Brotes alargados de plastilina.
- **7:** crear hojas. Hojas de cartulina.
- **10:** cubrir tallos.
- **12:** sujetar tallos adicionales. Espiga (disponga los 3 brotes de plastilina en la parte superior de la espiga, después las 6 flores pequeñas, seguidas de las grandes. Acabe con las hojas al final de la secuencia).
- **13:** arreglar hojas y tallos.

Campanilla

MATERIALES:

- 3 estambres individuales amarillos en 3 tallos de alambre de 11 cm de largo y 0,65 mm de grosor.
- 3 alambres de 11 cm de largo y 0,65 mm de grosor para los brotes.
- 1 alambre de 38 cm de largo y 1 mm de grosor para el tallo principal.
- Papel de seda verde claro: 1 tira de 50 x 1,2 cm para el tallo principal, 6 tiras de 15 x 1,2 cm para los tallos pequeños y 6 hojas (plantillas de hoja 29 y 30, pág. 173).
- Papel de seda lila: 3 tiras de 2,5 x 25 cm para los brotes y 3 piezas de pétalo (plantilla de pétalo 27, pág. 184).

TÉCNICAS:

- **5:** crear centros. Estambre individual.
- **8:** sujetar pétalos. Pétalos con forma de campana.
- **4:** arreglar pétalos. Curvar las puntas de los pétalos.
- **6:** crear brotes y bayas. Brotes de papel enrollado.
- **7:** crear hojas. Hojas pequeñas de papel de seda.
- **10:** cubrir tallos.
- **11:** sujetar hojas. Hojas de papel de seda.
- **12:** sujetar tallos adicionales. Espiga (empiece sujetando un brote en la parte superior de la espiga y añada después una flor; continúe alternando brotes y flores a lo largo del tallo principal).
- **13:** arreglar hojas y tallos.

Portulaca grandiflora

MATERIALES:

- 1 alambre de 23 cm de largo y 0,8 mm de grosor para el tallo.
- Papel de seda marrón claro: 1 tira de 30 x 1,2 cm para el tallo principal.
- Papel de seda verde: 6-8 hojas (plantillas de hoja 29 y 30, pág. 173).
- Papel de seda amarillo dorado: 1 pieza de 5 x 7,5 cm para el centro pequeño con flecos.
- Papel de seda amarillo dorado, rojo o rosa fuerte sumergido en lejía: 2 piezas de pétalo (plantilla de pétalo 9, pág. 180).

TÉCNICAS:

- **2:** blanquear papel (sumergirlo).
- **5:** crear centros. Centro pequeño con flecos.
- **4:** arreglar pétalos. Arrugarlos.
- **8:** sujetar pétalos. Pétalos continuos (disponga la primera pieza de pétalo de manera uniforme en torno al centro; añada la segunda pieza detrás de la primera).
- **7:** crear hojas. Hojas pequeñas de papel de seda.
- **10:** cubrir tallos.
- **11:** sujetar hojas. Hojas de papel de seda.
- **12:** sujetar tallos adicionales. Flor sencilla.
- **13:** arreglar hojas y tallos.

Prímula

MATERIALES:

- 3 centros sencillos de bastoncillos de algodón en 3 alambres de 23 cm de largo y 0,8 mm de grosor.
- 5 alambres de 11 cm de largo y 0,8 mm de grosor para los tallos de las hojas.
- Papel de seda verde: 3 tiras de 30 x 1,2 cm para los tallos principales, 5 tiras de 15 x 1,2 cm para los tallos de las hojas.
- Papel de seda amarillo claro: 3 piezas de 5 x 5 cm para los centros de algodón.
- Papel de seda blanco sumergido en tinte rosa: 6 piezas de pétalo, 2 piezas por flor pequeña (plantilla de pétalo 9, pág. 180).
- Cartulina verde: 5 hojas (plantilla de hoja 44, pág. 176).

TÉCNICAS:

- **1:** teñir papel (papel de seda blanco).
- **5:** crear centros. Centro sencillo de bastoncillo de algodón.
- **4:** arreglar pétalos. Arrugarlos.
- **8:** sujetar pétalos. Pétalos continuos (disponga la primera pieza de pétalo de manera uniforme en torno al centro; añada la segunda pieza detrás de la primera).
- **7:** crear hojas. Hojas de cartulina.
- **10:** cubrir tallos.
- **12:** sujetar tallos adicionales. Ramillete (sujete las 5 hojas directamente por debajo del ramillete de flores; junte los tallos a la misma altura).
- **13:** arreglar hojas y tallos.

Eléboro

MATERIALES:

- 1 alambre de 23 cm de largo y 0,8 mm de grosor para el tallo.
- 1 alambre de 11 cm de largo y 0,8 mm de grosor para el tallo de la hoja.
- Papel de seda verde: 1 tira de 30 x 1,2 cm para el tallo principal, 1 tira de 15 x 1,2 cm para el tallo de la hoja.
- Papel de seda amarillo claro: 1 pieza de 5 x 7,5 cm para el centro pequeño con flecos.
- Papel de seda verde claro con moteado de pintura de color rojo vino: 2 piezas de pétalo (plantilla de pétalo 9, pág. 180).
- Cartulina verde: 1 hoja (plantilla de hoja 46, pág. 176).

TÉCNICAS:

- **5:** crear centros. Centro pequeño con flecos.
- **3:** pintar papel. Moteado con acuarela o tinta acrílica.
- **4:** arreglar pétalos. Arrugarlos.
- **8:** sujetar pétalos. Pétalos continuos (disponga la primera pieza de pétalo de manera uniforme en torno al centro; añada la segunda pieza detrás de la primera).
- **7:** crear hojas. Hojas de cartulina.
- **10:** cubrir tallos.
- **12:** sujetar tallos adicionales. Flor sencilla.
- **13:** arreglar hojas y tallos.

Malva

MATERIALES:

- 3 centros sencillos de bastoncillos de algodón en 3 alambres de 11 cm de largo y 0,65 mm de grosor.
- 3 alambres de 11 cm de largo y 0,65 mm de grosor para los tallos de las hojas.
- 1 alambre de 23 cm de largo y 1 mm de grosor para el tallo principal.
- Papel de seda verde claro: 1 tira de 30 x 1,2 cm para el tallo principal, 6 tiras de 15 x 1,2 cm para los tallos pequeños.
- Papel de seda blanco: 3 piezas de 5 x 5 cm para los centros de algodón.
- Papel de seda lila sumergido en lejía con rayas pintadas de color fucsia: 3 piezas de pétalo, 1 pieza por flor (plantilla de pétalo 9, pág. 180).
- Cartulina verde claro: 3 hojas (plantilla de hoja 19, pág. 172).

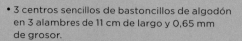

TÉCNICAS:

- **2:** blanquear papel. Sumergirlo.
- **3:** pintar papel. Rayas de pintura acrílica.
- **5:** crear centros. Centro sencillo de bastoncillo de algodón.
- **4:** arreglar pétalos. Arrugarlos.
- **8:** sujetar pétalos. Pétalos continuos.
- **7:** crear hojas. Hojas de cartulina.
- **10:** cubrir tallos.
- **12:** sujetar tallos adicionales. Espiga.
- **13:** arreglar hojas y tallos.

Amapola de bosque

MATERIALES:

- 1 centro de bastoncillo de algodón en 1 alambre de 23 cm de largo y 0,8 mm de grosor.

- 2 alambres de 11 cm de largo y 0,8 mm de grosor para los tallos de las hojas.

- Papel de seda verde claro: 1 tira de 30 x 1,2 cm para el tallo principal, 2 tiras de 15 x 1,2 cm para los tallos de las hojas.

- Papel de seda amarillo claro: 1 pieza de 5 x 5 cm para el centro de algodón.

- Papel de seda amarillo dorado: 1 pieza de 5 x 7,5 cm para el centro pequeño con flecos.

- Papel de seda amarillo sumergido en agua: 2 piezas de pétalo (plantilla de pétalo 9, pág. 180).

- Cartulina verde claro: 2 hojas (plantilla de hoja 24, pág. 173).

TÉCNICAS:

- **1:** teñir papel. Utilizar agua.

- **5:** crear centros. Centro sencillo de bastoncillo de algodón.

- **5:** crear centros. Centro pequeño con flecos.

- **4:** arreglar pétalos. Arrugarlos.

- **8:** sujetar pétalos. Pétalos continuos (disponga la primera pieza de pétalo de manera uniforme en torno al centro; añada la segunda pieza detrás de la primera).

- **7:** crear hojas. Hojas de cartulina.

- **10:** cubrir tallos.

- **12:** sujetar tallos adicionales. Flor sencilla.

- **13:** arreglar hojas y tallos.

Petunia

MATERIALES:

- 1 centro de bastoncillo de algodón en 1 alambre de 23 cm de largo y 0,8 mm de grosor.
- Papel de seda verde: 1 tira de 30 x 1,2 cm para el tallo y 4 piezas de hoja (plantillas de hoja 38 y 39, pág. 175).
- Papel de seda amarillo claro: 1 pieza de 5 x 5 cm para el centro de algodón.
- Papel de seda rojo con rayas blanqueadas: 2 piezas de pétalo (plantilla de pétalo 13, pág. 181).

TÉCNICAS:

- **2:** blanquear papel. Rayas.
- **5:** crear centros. Centro sencillo de bastoncillo de algodón.
- **4:** arreglar pétalos. Arrugarlos.
- **8:** sujetar pétalos. Pétalos continuos (disponga la primera pieza de pétalo en torno a la mitad del centro y repita en el otro lado con la siguiente pieza).
- **7:** crear hojas. Hojas pequeñas de papel de seda.
- **10:** cubrir tallos.
- **11:** sujetar hojas. Hojas de papel de seda.
- **12:** sujetar tallos adicionales. Flor sencilla.
- **13:** arreglar hojas y tallos.

Hibisco

MATERIALES:

- 1 tallo de alambre de 23 cm de largo y 1 mm de grosor.
- 1 alambre de 11 cm de largo y 0,8 mm de grosor para el tallo de la hoja.
- Papel de seda verde: 1 tira de 25 x 1,2 cm para el tallo, 1 tira de 15 x 1,2 cm para el tallo de la hoja.
- Papel de seda rojo: 1 tira de 15 x 1,2 cm para la sección del estambre del tallo.
- Papel de seda amarillo claro: 1 pieza de 5 x 12 cm para el centro pequeño con forma de escobilla.
- Papel de seda rojo o rosa fuerte sumergido en lejía: 10 piezas de pétalo (plantilla de pétalo 15, pág. 181).
- Cartulina verde: 1 hoja (plantilla de hoja 34, pág. 175).

TÉCNICAS:

- **2:** blanquear papel. Sumergirlo.
- **5:** crear centros. Centro con forma de escobilla (cubra el tallo con papel de seda rojo, y añada la pieza amarilla justo por debajo de la parte superior, de manera que el extremo rojo del alambre quede a la vista).
- **4:** arreglar pétalos. Arrugarlos.
- **8:** sujetar pétalos. Pétalos dobles (asegúrese de sujetar cada pétalo doble en una secuencia en el sentido de las agujas del reloj en torno a la flor).
- **7:** crear hojas. Hojas de cartulina.
- **10:** cubrir tallos.
- **12:** sujetar tallos adicionales. Flor sencilla.
- **13:** arreglar hojas y tallos.

Malvarrosa

MATERIALES:

- 3 centros sencillos de bastoncillo de algodón en 3 alambres de 11 cm de largo y 0,65 mm de grosor.

- 3 brotes de plastilina en 3 tallos de alambre de 11 cm de largo y 0,65 mm de grosor.

- 2 alambres de 11 cm de largo y 0,65 mm de grosor para los brotes de pétalos.

- 6 alambres de 11 cm de largo y 0,65 mm de grosor para los tallos de las hojas.

- 2 tallos de alambre de 46 cm de largo y 1 mm de grosor unidos con cinta para estabilizar el tallo principal.

- Papel de seda verde claro: 1 tira de 50 x 1,2 cm para el tallo principal, 14 tiras de 15 x 1,2 cm para los tallos más pequeños y 3 piezas de 5 x 5 cm para los brotes de plastilina.

- Papel de seda amarillo claro: 3 piezas de 5 x 5 cm para los centros de algodón.

- Papel de seda amarillo dorado: 3 piezas de puño para los centros de algodón (plantilla de puño 5, pág. 189).

- Papel de seda rosa claro con rayas pintadas de color rosa: 16 pétalos pequeños para 2 brotes de pétalos con 3 pétalos cada uno y 2 flores abiertas con 5 pétalos cada una, y 5 pétalos grandes para la flor abierta más grande (plantillas de pétalo 14 y 15, pág. 181).

- Cartulina verde claro: 6 hojas (plantilla de hoja 19, pág. 172).

TÉCNICAS:

- **3:** pintar papel. Rayas con pintura acrílica.

- **5:** crear centros. Centro de algodón con puño.

- **4:** arreglar pétalos. Arrugarlos.

- **8:** sujetar pétalos. Pétalos sencillos (disponga 5 pétalos sencillos de manera uniforme en torno a cada uno de los 3 centros de algodón para crear 2 flores pequeñas y 1 grande).

- **6:** crear brotes y bayas (brotes alargados de plastilina).

- **6:** crear brotes y bayas (brotes de pétalos).

- **7:** crear hojas. Hojas de cartulina.

- **10:** cubrir tallos.

- **12:** sujetar tallos adicionales. Espiga (disponga los 3 brotes de plastilina en la parte superior de la espiga, a continuación los 2 brotes de pétalos, después las 2 flores más pequeñas, seguidas de la flor grande. Junte 2 hojas con cada flor y sujete las hojas por detrás de las flores, una a cada lado).

- **13:** arreglar hojas y tallos.

Trompeta de ángel

MATERIALES:

- 3 centros sencillos de bastoncillo de algodón en 3 alambres de 11 cm de largo y 0,65 mm de grosor.

- 3 alambres de 11 cm de largo y 0,65 mm de grosor para los tallos de las hojas.

- 1 alambre de 23 cm de largo y 1 mm de grosor para el tallo principal.

- Papel de seda verde claro: 1 tira de 30 x 1,2 cm para el tallo principal y 6 tiras de 15 x 1,2 cm para los tallos más pequeños.

- Papel de seda amarillo dorado: 3 piezas de 5 x 5 cm para los centros de algodón.

- Papel de seda de color coral sumergido en agua: 3 piezas de pétalo, 1 pieza por flor (plantilla de pétalo 13, pág. 181).

- Cartulina verde claro: 3 hojas (plantilla de hoja 13, pág. 170).

TÉCNICAS:

- **1:** teñir papel. Utilizar agua.

- **5:** crear centros. Centro de bastoncillo de algodón.

- **4:** arreglar pétalos. Arrugarlos.

- **8:** sujetar pétalos. Pétalos continuos.

- **4:** arreglar pétalos. Curvar los bordes con los dedos para darles forma.

- **7:** crear hojas. Hojas de cartulina.

- **10:** cubrir tallos.

- **12:** sujetar tallos adicionales. Ramillete.

- **13:** arreglar hojas y tallos.

Correhuela

MATERIALES:

- 3 centros sencillos de bastoncillo de algodón en 3 alambres de 11 cm de largo y 0,65 mm de grosor.

- 2 alambres de 11 cm de largo y 0,65 mm de grosor para los brotes de pétalo.

- 5 alambres de 11 cm de largo y 0,65 mm de grosor para los tallos de las hojas.

- 5 alambres de 23 cm de largo y 0,65 mm de grosor para los zarcillos.

- 2 alambres de 46 cm de largo y 1 mm de grosor unidos con cinta para el tallo principal.

- Papel de seda verde: 1 tira de 50 x 1,2 cm para el tallo principal, 10 tiras de 15 x 1,2 cm para los tallos pequeños y 5 tiras de 30 x 1,2 cm para los zarcillos.

- Papel de seda amarillo dorado: 3 piezas de 5 x 5 cm para los centros de algodón.

- Papel de seda azul con rayas blanqueadas: 4 piezas de pétalo, 3 flores abiertas con 1 pieza de pétalo cada una, y 2 brotes de pétalo elaborados con 1 pieza de pétalo cortada por la mitad (plantilla de pétalo 13, pág. 181).

- Cartulina verde: 5 hojas, 2 pequeñas, 2 medianas y 1 grande (plantillas de hoja 10, 11 y 12, pág. 170).

TÉCNICAS:

- **2:** blanquear papel. Rayas.

- **5:** crear centros. Centro de bastoncillo de algodón.

- **4:** arreglar pétalos. Arrugarlos.

- **8:** sujetar pétalos. Pétalos continuos.

- **6:** crear brotes y bayas. Brotes de pétalo.

- **7:** crear hojas. Hojas de cartulina.

- **10:** cubrir tallos.

- **11:** sujetar hojas. Hojas de cartulina.

- **12:** sujetar tallos adicionales. Zarcillos y espiga (sujete las flores y los brotes de forma aleatoria a lo largo del tallo principal; alterne con hojas y zarcillos añadidos en la misma juntura con el tallo principal).

- **13:** arreglar hojas y tallos.

Rama de olivo

MATERIALES:

- 15 alambres de 7,5 cm de largo y 0,2 mm de grosor para los tallos de las hojas.
- 1 alambre de 46 cm de largo y 0,8 mm de grosor para el tallo principal.
- Papel de seda verde salvia: 1 tira de 50 x 1,2 cm para el tallo principal, 15 tiras de 12 x 1,2 cm para los tallos de las hojas.
- Cartulina verde salvia y verde salvia claro: 7 hojas pequeñas y 8 grandes (plantillas de hoja 4 y 5, pág. 168).

TÉCNICAS:

- **7:** crear hojas. Hojas de cartulina.
- **10:** cubrir tallos.
- **12:** sujetar tallos adicionales. Espiga (sujete 1 o 2 hojas pequeñas en la parte superior del tallo; disperse el resto de las hojas de manera aleatoria en el tallo principal, uniendo algunas en una misma juntura).
- **13:** arreglar hojas y tallos.

Tallo de acacia de tres púas

MATERIALES:

- 13 alambres de 7,5 cm de largo y 0,2 mm de grosor para los tallos de las hojas.
- 1 alambre de 46 cm de largo y 0,8 mm de grosor para el tallo principal.
- Papel de seda amarillo dorado: 1 tira de 50 x 1,2 cm para el tallo principal, 13 tiras de 12 x 1,2 cm para los tallos de las hojas.
- Cartulina amarillo dorado: 7 hojas pequeñas y 6 grandes (plantillas de hoja 4 y 5, pág. 168).

TÉCNICAS:

- **7:** crear hojas. Hojas de cartulina.
- **10:** cubrir tallos.
- **12:** sujetar tallos adicionales. Espiga (sujete una hoja pequeña en la parte superior del tallo; a continuación, coloque dos pares de hojas pequeñas y añada después los tres pares de hojas grandes, seguidas del último par de hojas pequeñas).
- **13:** arreglar hojas y tallos.

Eucalipto

MATERIALES:

- 1 alambre de 38 cm de largo y 0,8 mm de grosor para el tallo.
- Papel de seda verde salvia: 1 tira de 50 x 1,2 cm para el tallo.
- Cartulina verde salvia: 9 hojas pequeñas y 4-6 grandes (plantillas de hoja 49 y 50, pág. 178).

TÉCNICAS:

- **7:** crear hojas. Hojas de cartulina.
- **10:** cubrir tallos.
- **11:** sujetar hojas. Hojas de papel de seda (utilice el método de las hojas de papel de seda para estas hojas pequeñas de cartulina; pegue el tallo pequeño al principal y cubra con una tira de papel de seda para mayor seguridad).
- **12:** sujetar tallos adicionales. Espiga (sujete una hoja pequeña en la parte superior del tallo y disponga el resto de las hojas a pares a lo largo del tallo. Asegúrese de unir los pares de hojas en direcciones alternas).
- **13:** arreglar hojas y tallos.

Muérdago

MATERIALES:

- 7 tallos de alambre de 23 cm de largo y 0,8 mm de grosor.
- 14 bayas de plastilina blanca.
- Papel de seda verde: 7 tiras de 30 x 1,2 cm para los tallos.
- Cartulina verde: 7 hojas (plantilla de hoja 41, pág. 176).

TÉCNICAS:

- **6:** crear brotes y bayas. Bayas redondas de plastilina (colóquelas al final. Péguelas en las junturas de los tallos de forma aleatoria).
- **3:** pintar papel. Rotulador con base de alcohol (añada un punto negro en las bayas).
- **7:** crear hojas. Hojas de cartulina.
- **10:** cubrir tallos.
- **12:** sujetar tallos adicionales. Espiga (separe las junturas aproximadamente 2,5 cm; empiece creando tres tallos en «Y» y júntelos para formar una rama; añada el último tallo individual en la parte inferior del conjunto).
- **13:** arreglar hojas y tallos.

Sauce ceniciento

MATERIALES:

• 1 rama de árbol de 46 cm de largo.
• 6 brotes de plastilina blanca.

TÉCNICAS:

• **6:** crear brotes y bayas. Brotes alargados de plastilina.
• **12:** sujetar tallos adicionales. Rama.

Cala

MATERIALES:

- 3 centros alargados de plastilina en 3 tallos de alambre de 23 cm de largo y 0,8 mm de grosor.
- 3 alambres de 11 cm de largo y 0,8 mm de grosor para los tallos de las hojas.
- Papel de seda verde: 3 tiras de 30 x 1,2 cm para los tallos principales, 3 tiras de 15 x 1,2 cm para los tallos de las hojas.
- Papel de seda amarillo claro: 3 piezas de 5 x 5 cm para los centros de plastilina.
- Papel de seda blanco: 3 pétalos dobles elaborados con 2 pétalos unidos (plantilla de pétalo 1, pág. 178).
- Cartulina verde: 3 hojas (plantilla de hoja 7, pág. 169).

TÉCNICAS:

- **5:** crear centros. Centro alargado de plastilina.
- **7:** crear hojas. Hojas grandes de papel de seda (para crear el pétalo).
- **8:** sujetar pétalos. Pétalos con forma de campana (para crear la forma de campana, curve los lóbulos redondeados del pétalo en torno al alambre con la punta del pétalo en el borde superior).
- **4:** arreglar pétalos. Curvar con tijera la punta del pétalo.
- **7:** crear hojas. Hojas de cartulina.
- **10:** cubrir tallos.
- **12:** sujetar tallos adicionales. Flor sencilla.
- **13:** arreglar hojas y tallos.

Maranta

MATERIALES:

- 1 alambre de 38 cm de largo y 1 mm de grosor para el tallo.
- Papel de seda verde: 1 tira de 50 x 1,2 cm para el tallo.
- Cartulina verde oliva: 1 hoja (plantilla de hoja 1, pág. 168).

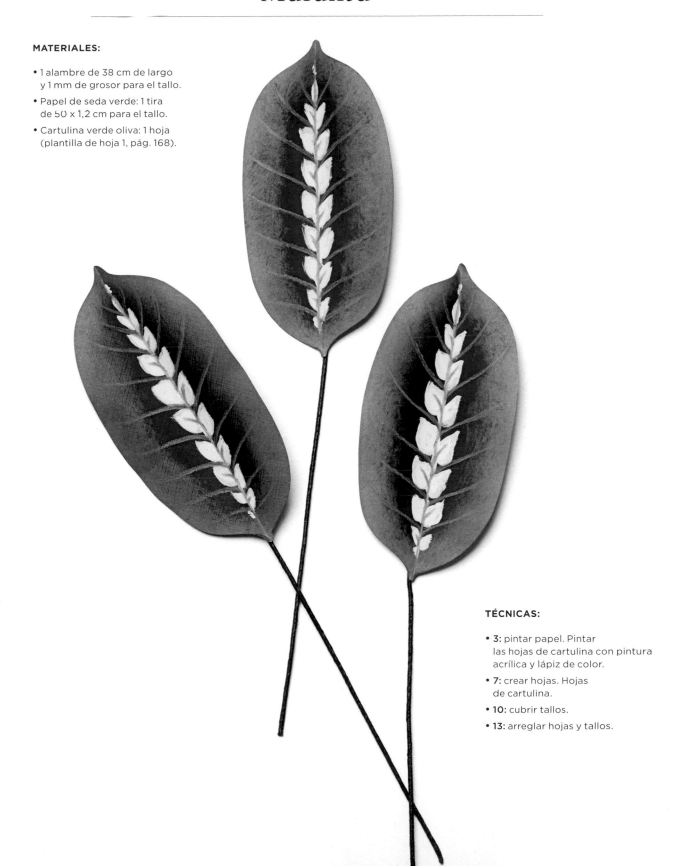

TÉCNICAS:

- **3:** pintar papel. Pintar las hojas de cartulina con pintura acrílica y lápiz de color.
- **7:** crear hojas. Hojas de cartulina.
- **10:** cubrir tallos.
- **13:** arreglar hojas y tallos.

Elaboración *de las* flores

Materiales y herramientas

Los materiales y las herramientas que se indican se pueden comprar en tiendas físicas o en internet. La elaboración de flores de papel no es una actividad cara; utilizo siempre que puedo artículos que tengo por casa y pido a amigos y familiares que me guarden el papel de seda de los regalos. Algunos de estos materiales son necesarios para completar los proyectos; otros no son esenciales, pero nunca están de más.

MATERIALES ESENCIALES

Papel de seda
Casi todas las flores se elaboran con papel de seda normal, con el que se consiguen pétalos muy realistas. Me gusta pinta, teñir, blanquear o sumergir el papel en agua para obtener flores únicas.

Cartulina
Se utiliza para la mayoría de hojas y se encuentra en muchos colores, con superficies lisas o con textura.

Pegamento
Casi todos los proyectos de este libro se pueden acabar con pegamento blanco escolar.

Plastilina
Se utiliza para crear centros, bayas, brotes y vainas. La plastilina ligera añade volumen a la flor sin incrementar demasiado el peso. Si la encuentra, pruebe con Crayola Model Magic, que no requiere cocción.

Bolas y bastoncillos de algodón
Las bolas de algodón sirven para los brotes, las bayas, las vainas y los centros. Los bastoncillos se cortan por la mitad y se cubren con papel de seda para crear los centros de algunas flores.

Estambres
Se crean con pepitas, disponibles en una amplia gama de formas, colores y tamaños.

Alambre floral
Se emplea para los tallos de las flores. Prefiero el alambre floral recubierto, en largos de 46 cm; corto el alambre por la mitad para obtener dos tallos de 23 cm. El alambre que más utilizo es de 0,8 mm de grosor; empleo alambre de 0,65 mm para los tallos más finos, y de 1 mm para las flores más grandes o los tallos más largos. Para los pétalos con alambre utilizo un alambre floral blanco de 0,2 mm de grosor.

MATERIALES OPCIONALES

Papel pinocho
Aporta una textura interesante o se puede emplear en lugar del papel de seda.

Cinta de floristería
Casi siempre cubro los tallos con tiras de papel de seda, pero la cinta de floristería es una buena alternativa y resulta fácil de utilizar.

Acabado con pegamento sellador
El acabado con pegamento sellador brillante sirve para unir dos capas de papel de seda o para crear un acabado brillante en las hojas de cartulina. Mi marca preferida es Mod Podge.

Pintura o tinta
La pintura acrílica sirve para decorar el papel de seda o la cartulina. Añada agua para controlar la opacidad. La acuarela y la tinta acrílica dan un resultado más suave que la pintura acrílica.

Tinte
Existe la posibilidad de utilizar diferentes tipos de tintes: para tejidos, para huevos de Pascua, alimentarios, tinta acrílica diluida, acuarela o diversos tintes naturales caseros.

Rotuladores
Los rotuladores con base de agua sirven para crear trazos en el papel y se corren si se añade agua. También sirven los rotuladores con base de alcohol, que no se corren si se añade agua.

Lejía de uso doméstico
La lejía diluida en agua sirve para sumergir el papel de seda.

Espuma de floristería
Se vende en láminas o en bloques, y se utiliza para fijar los tallos de las flores dentro de un jarrón u otro tipo de recipiente.

HERRAMIENTAS

Pistola termofusible
El uso de una pistola termofusible es el método más sencillo para pegar las hojas de cartulina al tallo principal; también resulta útil para incorporar materiales que no son de papel, como tejidos, lana e hilos.

Cortaalambres
Un cortaalambres convencional resulta perfectamente adecuado. También puede utilizar cortaalambres especiales de floristería.

Tijera
Las tijeras para papel o manualidades constituyen la mejor opción. Las de hojas más largas resultan útiles para cortar curvas precisas; si corta el papel cerca del punto de apoyo, tendrá mayor control del corte. Mantenga las tijeras afiladas para evitar desgarros. La tijera para crear flecos representa una buena inversión si realiza grandes cantidades de flores de papel.

Regla y cúter rotativo
No son esenciales, pero facilitan el corte del papel de seda en tiras y permiten ahorrar tiempo, ya que se pueden cortar hasta seis tiras a la vez.

Alfombrilla de corte
Resulta cómodo trabajar sobre una superficie plana y lisa, sobre todo para dar forma a las piezas de plastilina. Para cubrir mi superficie de trabajo utilizo papel parafinado.

Pinceles
Un pincel mediano de cerdas suaves es el más versátil, aunque conviene contar con varios pinceles para crear efectos distintos.

Herramienta para marcar el papel
La parte no cortante de la hoja de un cuchillo o un plegador de hueso sirven para crear las líneas que representan las venas de las hojas confeccionadas en cartulina.

Antes de empezar

Si es la primera vez que elabora flores de papel, le recomiendo que lea primero las técnicas de esta sección para conocer los pasos y los procesos necesarios para crear su propio jardín de papel. Cuando domine las técnicas, podrá añadir su toque personal a los pasos, sustituir materiales y jugar con diferentes acabados. Así es como creo nuevas flores y variedades.

CONSEJOS PARA CORTAR

El papel de seda se vende, sobre todo, en hojas de 50 x 50 cm y 50 x 66 cm; yo las corto en tiras de 7,5 cm, 10 cm o 12 cm para los pétalos. Para crear tiras pequeñas de papel de seda para cubrir los tallos, el método más preciso consiste en colocar seis hojas juntas de papel sobre una alfombrilla de corte y utilizar un cúter rotativo y una regla de acero. Doble una hoja de papel de seda por la mitad cuatro veces, por el mismo lado, y realice cortes paralelos de 1,2 cm, empezando en un extremo de la hoja doblada. También puede hacerlo a mano alzada, con tijera, si no dispone de un cúter rotativo.

Cuando corto el papel de seda, siempre doblo varias capas juntas en función de las piezas que necesito para el proyecto. Sujeto bien la pila de papel cuando corto a mano alzada; de ese modo obtengo bordes orgánicos e irregulares. También puede sujetar las capas con un clip por el borde inferior con la plantilla encima del papel. De ese modo logrará una forma muy precisa y tendrá la posibilidad de cortar bastantes piezas si necesita una buena cantidad.

CONSEJOS PARA TRABAJAR CON PEGAMENTO Y CINTA

Puede utilizar cinta de floristería o papel de seda para cubrir los tallos. A mí me gusta utilizar tiras de papel de seda pegadas al alambre porque los colores son más intensos que los de la cinta, que suele ser de un color verde más oscuro y apagado.

Siempre que utilice pegamento, aplíquelo en una capa muy fina. Cuando trabaje con papel de seda, debe quedar húmedo pero no empapado. Si el papel de seda se satura de pegamento, se romperá. Si trabaja con varias capas de pétalos, recomiendo que deje secar el pegamento antes de añadir la siguiente capa para evitar que la flor se tuerza. Si la flor queda demasiado pesada antes de que el pegamento se seque por completo, el pegamento húmedo y la gravedad provocarán que los pétalos se doblen. El resultado será una flor con una forma ligeramente más larga que ancha.

Cuando utilice cinta de floristería, el truco para que quede pegada sobre sí misma consiste en estirarla para activar el adhesivo. Suelo cortar secciones de 5-7,5 cm antes de ensamblar la flor.

CONSEJOS PARA BLANQUEAR, TEÑIR Y PINTAR

Dado que durante estos procesos nos podemos manchar, trabajo sobre una lámina de plástico y me pongo ropa que no me importe ensuciar. La clave para conseguir buenos resultados consiste en preparar bien el espacio para pasar rápidamente de la lejía, la pintura y el tinte al secado.

El método más eficaz para secar papel de seda que se ha blanqueado o teñido consiste en colgarlo en un tendedero o una percha sobre una lámina de plástico. También puede dejar el papel sobre una superficie plana cubierta con plástico, aunque tardará más en secarse. Cuando pinte papel de seda o cartulina, déjelos planos hasta que la pintura se haya secado; de lo contrario, podría acabar con marcas de goteo y manchas.

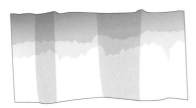

Consejo

Prepare varias flores a la vez. Normalmente, trabajo por tandas de cuatro a diez flores, lo que agiliza mucho el proceso. Este método de trabajo, además, permite que el pegamento se seque entre paso y paso mientras avanza.

Técnica 1

1

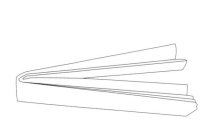

2

3

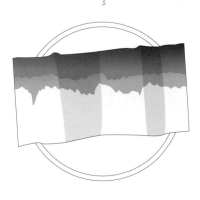

Papel de seda sumergido en tinte

Papel de seda sumergido en agua

Papel de seda teñido

Teñir papel

Existen varios tipos de tinte
para trabajar con flores de papel,
entre ellos, tintes para huevos
de Pascua, colorantes alimentarios,
bebida refrescante en polvo
sin azúcar, tinta acrílica diluida,
tinte para tejidos, acuarela, pintura
y diversos tintes naturales caseros.
Experimente con diferentes
recetas para crear colores únicos.
Para teñir papel de seda, siga
las instrucciones del fabricante
del tinte o añada agua en pequeñas
cantidades hasta que obtenga
un color que le guste.

MATERIALES

6 hojas de papel de seda
(blanco o de colores)

El tinte que prefiera

Agua (opcional)

PASO 1   Apile las seis hojas de papel
de seda y dóblelas a lo largo como un
acordeón. A continuación, doble la pila
por la mitad. El papel tiene que caber
en el recipiente del tinte. Personalmente,
prefiero que el papel ya doblado mida
aproximadamente 5 cm de ancho para
que el resultado sea homogéneo.

PASO 2   Tome el papel y sumerja
aproximadamente 2,5 cm del extremo
cortado durante cinco segundos.
A continuación, saque el papel de la
solución y deje que gotee el exceso
de líquido.

PASO 3   Desdoble el papel con
cuidado, pero no intente separar
las hojas hasta que estén secas.

PASO 4   Cuelgue la pila de papel
o déjela plana para que se seque. Cuando
el papel esté completamente seco,
separe las hojas con cuidado.

Consejo

*Algunos tintes pierden
intensidad con el tiempo,
pero me gustan los colores
suaves y apagados que
se forman. Si busca un color
permanente, recomiendo
los tintes para tejidos.*

Técnicas adicionales

Pruebe a teñir solo con agua. Aunque
el color del papel de seda no se verá
alterado, obtendrá una textura arrugada
muy bonita.

Teñir papel de seda blanco es un excelente
método para crear flores de dos colores.
Sumerja un extremo del papel en el tinte
para conseguir un efecto degradado
de oscuro a claro, o tiña cada extremo
con colores complementarios para
obtener pétalos multicolores.

También puede sumergir papel de
seda de color en un tono más oscuro
para crear un degradado más profundo.

Técnica 2

1

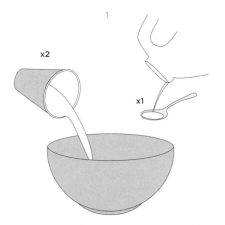

x2

x1

2

3

4

Papel de seda sumergido en lejía

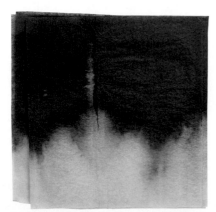

Efecto de raya con lejía

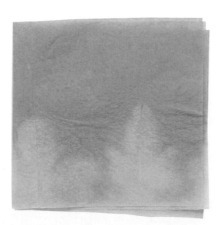

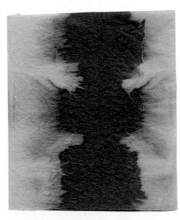

Blanquear papel

Cuando utilice lejía, es importante que el espacio de trabajo disponga de buena ventilación y que la lejía se mantenga alejada de superficies que puedan resultar dañadas por posibles salpicaduras. Sumergir papel de seda de color en una solución con lejía es un proceso limpio, pero tenga en cuenta que el papel no siempre cambia de color inmediatamente. Además, algunos colores no necesariamente quedan blancos o de un tono más claro cuando se tratan con lejía. El papel negro puede quedar marrón, amarillo o naranja; el verde adoptará un tono azul muy claro, y algunos naranjas y marrones pasarán a ser rosas o melocotón.

MATERIALES

Lejía de uso doméstico

Agua

Cuenco de cristal

6 hojas de papel
de seda de color

PASO 1 Para preparar la solución, mezcle con cuidado una cucharada de lejía con dos tazas de agua fría en un cuenco de cristal (la cuchara y el cuenco no deben utilizarse para preparar alimentos). Algunas marcas y tipos de papel de seda reaccionan a la lejía de manera distinta; es posible que tenga que ajustar la solución de lejía o el tiempo de inmersión.

PASO 2 Apile las seis hojas de papel de seda y dóblelas a lo largo como un acordeón. A continuación, doble la pila por la mitad. El papel tiene que caber en el cuenco. Personalmente, prefiero que el papel ya doblado mida aproximadamente 5 cm de ancho para que el resultado sea homogéneo.

PASO 3 Tome el papel y sumerja aproximadamente 2,5 cm del extremo cortado durante cinco segundos. A continuación, saque el papel de la solución y deje que gotee el exceso de líquido.

PASO 4 Desdoble el papel con cuidado, pero no intente separar las hojas hasta que estén secas.

PASO 5 Cuelgue la pila de papel o déjela plana para que se seque. Cuando el papel esté completamente seco, separe las hojas con cuidado.

Consejo

Deje el papel en la solución unos segundos más o añada un poco más de lejía para obtener un degradado más definido. Si prefiere un degradado más sutil, deje el papel en la solución menos tiempo o diluya más la lejía.

Técnica adicional

Para crear un efecto a rayas, repita el paso 2 asegurándose de doblar la pila de papel como un acordeón, pero sin arrugar los pliegues. A continuación, sumerja 2,5 cm de uno de los lados en la solución durante cinco segundos. Para conseguir unas rayas ligeramente más finas, sumerja 1,2 cm de cada lado doblado de la pila de papel en la solución durante cinco segundos.

Técnica 3

Rayas horizontales con acuarela

Rayas verticales con pintura acrílica

Manchas con tinta acrílica

Pintar pétalos: color en el centro

Pintar pétalos: color completo

Pintar toques de color

Peonía

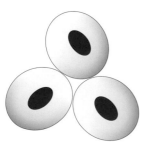

Ranúnculo y borraja

Amapola

Pintar papel

Puede utilizar acuarelas, tintas acrílicas o pinturas acrílicas para crear pétalos y hojas pintados. Para los pétalos, coloque una hoja de papel de seda sin cortar sobre una superficie plana que habrá protegido con plástico. Después de pintar, espere a que el papel se seque y corte el papel en tiras. Las siguientes técnicas de pintura también sirven para crear texturas divertidas en las hojas de cartulina.

MATERIALES

Selección de pinturas y tintas

Selección de pinceles

Agua

Pincel de caligrafía

Papel de seda

Cartulina

ACUARELA Y TINTA ACRÍLICA

Para obtener unos colores suaves y sutiles, mezcle acuarela y tinta acrílica diluidas con agua. Aplique con un pincel de caligrafía.

Rayas

Para crear rayas, moje el pincel de caligrafía con abundante líquido y arrástrelo sin parar a lo largo del papel. Cuando más líquido retenga el pincel, más correrá sobre el papel y los bordes de las rayas serán más suaves e irregulares.

Manchas

Para crear manchas de pintura, dé unos golpecitos con los dedos en el mango del pincel a aproximadamente 25 cm del papel.

PINTURA ACRÍLICA

Cuando trabaje con pintura acrílica es importante diluirla con una pequeña cantidad de agua; de lo contrario, la pintura tiende a secarse y formar grumos.

Rayas

Para conseguir rayas controladas y sólidas, utilice un pincel pequeño con abundante pintura. Si desea una textura más diluida, utilice un pincel más grande y retire parte de la pintura del pincel antes de aplicarla en el papel de seda. Me gusta pintar las rayas a mano alzada, con un pliegue en el papel a modo de guía para que las líneas queden bastante rectas.

Manchas

Para conseguir manchas pequeñas y definidas, utilice pintura acrílica diluida y un pincel más grande; dé unos golpecitos en el mango a aproximadamente 25 cm del papel.

PINTAR PÉTALOS

La cantidad de color que se verá en los pétalos acabados determina la cantidad de papel a pintar.

Color en el centro

Para pintar una veta de color en el centro de un pétalo, aplique una pincelada amplia o pinte un triángulo desde el centro del pétalo hasta la base.

Color completo

Pinte una raya ancha en el centro del pétalo.

AÑADIR TOQUES DE COLOR

Los toques de color en el centro de las flores aportan un detalle realista y un toque especial a las flores hechas a mano. Cubra el centro con papel de seda antes de pintar los detalles.

Peonía

Utilice pintura acrílica roja y añada un pequeño toque de color en la punta de cada bastoncillo de algodón.

Ranúnculo y borraja

Añada un punto de pintura acrílica de color verde oscuro en el centro del ranúnculo, o bien utilice un punzón para crear una pequeña pieza circular de papel verde oscuro y péguela en el centro.

Amapola

Utilice un pincel pequeño y pintura acrílica amarilla para los centros de las amapolas. Pinte una «X» en la parte superior del centro y añada otra a continuación para crear un asterisco.

Técnica 3

Hojas de geranio y begonia

Hojas de drácena rosa

Hojas de crotón

Hojas de caladio

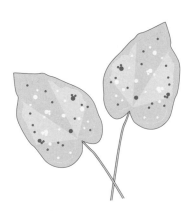

Hojas de maranta

Hojas de *Centaurea cineraria*

PINTAR HOJAS DE CARTULINA

Cuando pinto sobre cartulina verde, prefiero diluir la pintura acrílica para conseguir colores vivos.

Hojas de geranio y begonia
Para las hojas de geranio y begonia, utilice un pincel redondo mediano o pequeño. Aplique la pintura en una banda irregular siguiendo los bordes de la hoja a modo de guía.

Hojas de drácena rosa
Para las hojas de la drácena rosa, utilice el método de las rayas y un pincel redondo pequeño. Pinte formas en «V» desde el centro de la hoja hacia los bordes, primero en fucsia y después en verde oscuro. Para conseguir un efecto natural, trabaje con pinceladas relajadas y permita que el pincel se salga a veces del papel.

Hojas de crotón
Para las hojas de crotón, aplique manchas aleatorias de color naranja y amarillo dorado sobre el papel con un pincel redondo pequeño. A continuación, pinte dos columnas de formas aleatorias de color verde oscuro inclinadas hacia la punta de la hoja. Deje un espacio entre las columnas siguiendo el centro de la hoja. Añada unos toques más de verde oscuro en los bordes.

Hojas de caladio
Utilice un pincel mediano o pequeño y extienda la pintura desde el centro hacia los bordes. Deje un espacio sin pintar en los bordes. A continuación, salpique con pintura verde oscuro y claro.

Hojas de maranta
Para las hojas de maranta, utilice un pincel redondo pequeño para pintar un óvalo de color verde oscuro en el centro de la hoja. Mientras el pincel se seca, extienda los bordes del óvalo hacia los bordes exteriores de la hoja. Utilice pintura verde claro para crear una línea fina para la forma de espina del centro. Pinte pequeñas formas de hoja a ambos lados de la espina, ligeramente inclinadas, utilizando el óvalo a modo de guía para empezar con formas pequeñas que serán más grandes en el centro y pequeñas de nuevo hacia la punta de la hoja. Utilice un lápiz de color rosa fuerte o fucsia para obtener más control y contraste con los colores verdes. Trace una línea con el lápiz de color sobre el verde claro para formar la vena, y añada pequeños toques alternos en las formas de color verde claro. Pinte líneas curvadas desde la vena hacia los bordes; utilice el espacio entre los trazos de color verde claro a modo de guía.

Hojas de *Centaurea cineraria*
Utilice pintura de color verde salvia claro sobre papel gris claro. Aplique la pintura con un pincel mediano y, a continuación, aplique marcas aleatorias en toda la superficie. Con menos pintura en el pincel obtendrá una textura más fina.

Técnicas adicionales

Veamos algunas técnicas que me gusta utilizar para crear pétalos y hojas especiales. Estos métodos no ensucian tanto como la pintura, el tinte y la lejía, y son estupendos para añadir color e interés.

• Dibuje con lápices de colores sobre la cartulina para crear detalles precisos en las hojas. Los lápices de colores también sirven para el papel de seda, pero es preciso tener cuidado para no desgarrar el papel.

• Para crear manchas de color intensas, utilice rotuladores solubles en agua sobre cualquier tipo de papel; a continuación, rocíe el papel con un atomizador. Asegúrese de cubrir la superficie de trabajo con plástico, ya que la tinta de los rotuladores se correrá.

• Los rotuladores con base de alcohol son estupendos para crear marcas definidas en cualquier tipo de papel. La tinta no se corre aunque utilice otro método de coloreado.

Consejo

Si utiliza cartulina brillante, aplique una capa fina de pintura sobre toda la superficie de la hoja de cartulina y deje secar antes de marcarla o ensamblar la flor.

Técnica 4

Arrugado

1

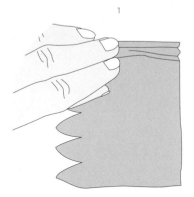

2
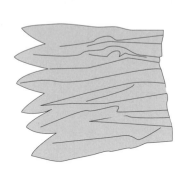

Plegado

1
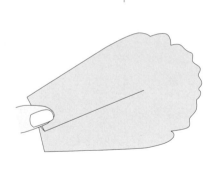

2

Agujereado

1
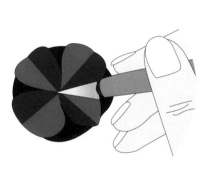

2

Arreglar pétalos

Una vez teñido, blanqueado o pintado el papel de seda, puede empezar a arreglar los pétalos. Utilizo seis métodos sencillos para dar forma a los pétalos: arrugado, plegado, retorcido, curvado con tijera, bordes curvados y ahuecado.

MATERIALES

Pétalos de papel de seda

Tijera

Pajita o bolígrafo

ARRUGADO

Esta técnica se puede utilizar con cualquier tipo de pétalo para conseguir una textura arrugada. Normalmente, arrugo como mínimo la parte inferior de todos los pétalos antes de empezar a ensamblar una flor, ya que esas ligeras arrugas ayudan a dar forma a los pétalos en torno al alambre y, además, los pétalos quedan más realistas.

PASO 1 Coloque el papel en una superficie plana. Empiece a juntar los bordes de los pétalos de manera que el papel se agrupe entre los dedos.

PASO 2 Trabaje desde la parte superior del papel hasta la inferior para crear una textura arrugada e irregular.

PLEGADO

Se emplea para dar a los pétalos o a las hojas de papel de seda un aspecto ahuecado; además, incrementa la resistencia del papel.

PASO 1 Coloque el papel en una superficie plana. En el centro del pétalo, doble ligeramente la parte inferior del pétalo sobre sí misma.

PASO 2 Pliegue el papel siguiendo esa línea para crear una pinza triangular que no debe llegar hasta la parte superior del pétalo; la base de la pinza medirá aproximadamente 0,6-2 cm de ancho.

AGUJEREADO

Esta técnica se usa para sujetar pétalos u hojas al tallo de alambre después de pasar este por un orificio abierto en el centro del pétalo o la hoja.

PASO 1 Para los pétalos de papel de seda, aplique una gota de pegamento en el centro para pegar varias piezas juntas. A continuación, utilice un cúter para cortar un pequeño agujero en el centro.

PASO 2 Pase el tallo de alambre por el agujero y aplique una gota de pegamento en la base del estambre; a continuación, pince los pétalos en torno al estambre para conseguir un efecto ondulado. Esta técnica también sirve para sujetar hojas o pétalos de cartulina, pero sugiero que se acompañe con una gota de pegamento termoadhesivo para este papel más pesado.

Consejo

Cuando pliegue el papel, una pinza más ancha creará un ahuecado más pronunciado del pétalo. Utilice una pinza de 2 cm en la base para los pétalos grandes, como los de la peonía. Para reforzar los pétalos y las hojas finos, como los de la clemátide, conviene que la pinza sea más estrecha.

Técnica 4

Curvado con tijera

1

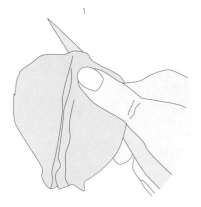

2

Borde curvado

1

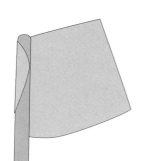

2

Ahuecado

1

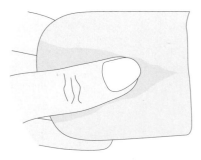

2

CURVADO CON TIJERA

Curvar los pétalos con tijera es la misma técnica que se emplea para rizar las cintas de los regalos.

PASO 1 Coloque la hoja de la tijera de lado detrás del pétalo y sujétela con el pulgar.

PASO 2 Presione ligeramente el papel de seda con el pulgar mientras arrastra la hoja de la tijera hasta el borde. Aplique más presión para crear un rizo más cerrado y menos presión para obtener un curvado más suave. Experimente curvando pétalos hacia delante y atrás para cambiar el aspecto de la flor.

BORDE CURVADO

Este método se puede realizar con una pajita, un bolígrafo o incluso con los dedos.

PASO 1 Coloque la pajita o el bolígrafo en el borde superior del pétalo.

PASO 2 Enrolle el papel en la pajita o el bolígrafo con cuidado de no arrugar el borde del pétalo.

AHUECADO

Esta técnica se utiliza sobre todo con papel pinocho, pero la he adaptado ligeramente para los pétalos de papel de seda.

PASO 1 Sujete la parte superior del pétalo entre el pulgar y los demás dedos de la mano derecha si es zurdo, y de la izquierda si es diestro.

PASO 2 Pellizque la parte inferior del papel con la otra mano para curvar el pétalo en torno al pulgar de la mano no dominante.

Consejo

Curvar los pétalos es una operación que se puede hacer antes y después de ensamblar la flor. No obstante, si se realiza después de sujetar los pétalos en su lugar, será preciso trabajar con un poco más de cuidado para no desgarrar o arrugar el papel de seda.

Técnica 5

Centro con estambres

Centro con estambres, técnica adicional

1

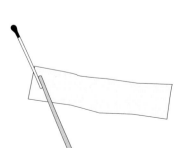

2

3

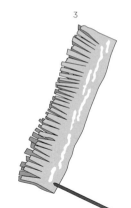

Centro con flecos

1

2

3

4

5

Crear centros

Puede crear centros de flores de aspecto realista utilizando estambres, pero también puede optar por elaborar sus propios centros con diferentes formas, tamaños y colores utilizando materiales tan variados como bastoncillos de algodón, papel de seda y pinocho, plastilina y bolitas de algodón.

MATERIALES

Papel de seda

Pegamento

Estambres ya preparados

Tallos de alambre

Bastoncillos de algodón

Tijera

Tijera para cortar flecos (opcional)

Plastilina

Bolitas de algodón

CENTRO CON ESTAMBRES

En internet y en tiendas especializadas puede encontrar estambres preparados. Algunos estambres incluyen semillas en ambos extremos; yo los doblo por la mitad y los corto para obtener dos estambres separados. Las semillas se pueden sujetar al tallo de la flor con una sección larga del filamento a la vista, o bien se corta el alambre para que solo quede visible el extremo bulboso de la semilla.

PASO 1 Con un papel de seda de un color que combine con el del estambre, corte una tira de 1,2 x 5 cm y aplique dos líneas finas de pegamento en los bordes del papel. Superponga la parte inferior (0,6 cm) del estambre con el extremo de un tallo de alambre y júntelos en un extremo del papel.

PASO 2 Trabajando en diagonal, empiece doblando el extremo de la tira encima del estambre y el alambre, juntándolos con una capa de papel de seda. Mientras gira el tallo con una mano, con la otra vaya guiando el papel de seda a su alrededor, asegurándose de que quede firme y bien estirado, y de que la juntura queda completamente cubierta.

Técnica adicional

Para crear un centro con múltiples estambres, empiece con uno solo siguiendo las instrucciones anteriores y repita el proceso hasta que tenga todos los estambres que necesite. La mayoría de las flores con múltiples estambres que he creado tienen agrupaciones de tres o seis.

CENTRO CON FLECOS

También puede crear centros de flores con papel de seda o papel pinocho. Cuando corte flecos para centros y estambres puede utilizar una tijera específica para esa función o cortar el flequillo a mano alzada. Me he dado cuenta de que 6 a 8 capas es el número máximo que se puede cortar a la vez para conseguir un acabado preciso y evitar que el papel se desgarre.

PASO 1 Corte un rectángulo de papel de seda y dóblelo por la mitad a lo largo, alineando el papel por el extremo más largo. Corte flecos aproximadamente hasta la mitad del papel de seda doblado por el lado largo de los extremos no doblados.

PASO 2 Desdoble el rectángulo y aplique una línea fina de pegamento en uno de los lados; vuelva a doblar el rectángulo asegurando las dos capas de flecos.

PASO 3 Frunza ligeramente la tira de flecos por el pliegue y aplique pegamento en la mitad no cortada del rectángulo. Coloque el alambre de floristería a aproximadamente 0,6 cm de un extremo de la tira de flecos.

PASO 4 Rodee el extremo del alambre floral con el papel y frunza la tira de flecos alrededor del alambre mientras gira este poco a poco.

PASO 5 Cuando haya envuelto el alambre con todo el papel, ahueque los flecos para que el centro tenga un aspecto más natural.

Consejo

Para elaborar un centro con flecos pequeño, corte una tira de papel de seda o pinocho de 5 x 7,5 cm; para un centro mediano, utilice una tira de 7,5 x 12 cm, y para un centro grande, necesitará una tira de 7,5 x 25 cm.

Consejo

Los centros con flecos también se pueden combinar con centros de plastilina, bastoncillos de algodón o bolitas de algodón para crear flores más complejas. Empiece formando el centro de plastilina, bastoncillo de algodón o algodón en un tallo de alambre y después pegue de manera uniforme la pieza con flecos en torno a la base del centro.

Técnica 5

Centro con forma de escobilla

1

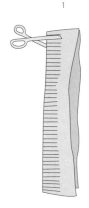

2

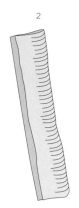

3

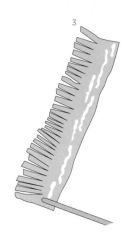

4

5

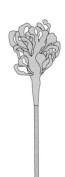

Centro de plastilina

1

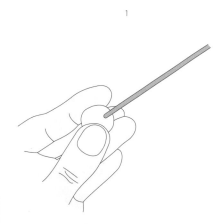

2

3

CENTRO CON FORMA DE ESCOBILLA

Este método es similar a la técnica anterior, pero en lugar de cortar los flecos en los bordes desdoblados del rectángulo, se cortan en el borde doblado para crear una tira de bucles.

PASO 1 Corte una pieza de papel de seda de 5 x 12 cm y dóblela por la mitad a lo largo, alineando el papel por el borde más largo. Corte los flecos hasta la mitad de los bordes del pliegue con una tijera especial o bien con una normal.

PASO 2 Desdoble el rectángulo y aplique una línea fina de pegamento en el lado largo, a aproximadamente 0,4 cm del borde. Vuelva a doblar el rectángulo dejando un espacio de 0,4 cm entre los bordes. Ese hueco creará los bucles a lo largo del pliegue.

PASO 3 Agrupe ligeramente la tira de bucles y aplique pegamento en la mitad sin cortar del rectángulo. Coloque el alambre de floristería a 0,6 cm, aproximadamente, de un extremo de la tira con flecos.

PASO 4 Coloque el extremo del alambre entre el papel y agrupe la tira de bucles en torno al alambre. Trabaje en una ligera diagonal y mantenga las capas de bucles juntas, pero con cuidado de no aplastarlas.

PASO 5 Cuando haya envuelto el alambre con todo el papel, ahueque los flecos para dar un aspecto más natural al centro.

CENTRO DE PLASTILINA

Cuando busque una plastilina para flores de papel, elija una muy ligera, fácil de moldear y que se seque rápidamente (por ejemplo, Model Magic de Crayola). Prefiero utilizar plastilina blanca para todas las formas y después cubrirla con papel de seda de color, pero también puede utilizar plastilina de color y saltarse el paso del papel de seda.

PASO 1 Moldee un pedacito de plastilina entre las manos o sobre una superficie limpia y plana de manera que quede redonda o con la forma que desee. Clave un tallo de alambre en la plastilina; para asegurarse de que queda bien sujeto, gire la base de la forma de plastilina entre los dedos. Deje secar la plastilina siguiendo las instrucciones del paquete. Si la plastilina queda suelta en la unión con el tallo una vez seca, aplique una gota de pegamento líquido o en caliente en el agujero que se ha formado alrededor del tallo y espere a que se seque antes de continuar.

PASO 2 Cuando la plastilina esté seca, puede cubrirla con papel de seda de color. Tome un cuadrado de papel de seda de 5 x 5 cm y aplique pegamento en los bordes y en el centro. Presione la parte superior de la forma de plastilina en el centro del cuadrado.

PASO 3 Envuelva la forma de plastilina con los bordes del papel. Sujete el papel al tallo pellizcándolo con los dedos con firmeza.

Técnica 5

Centro de plastilina, formas alternativas

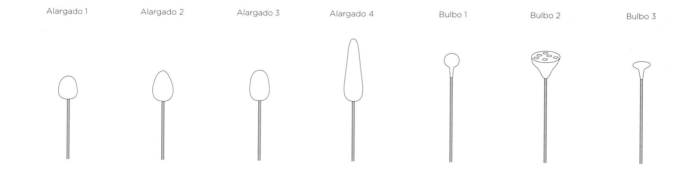

| Alargado 1 | Alargado 2 | Alargado 3 | Alargado 4 | Bulbo 1 | Bulbo 2 | Bulbo 3 |

Centro de bola de algodón

1   2   3

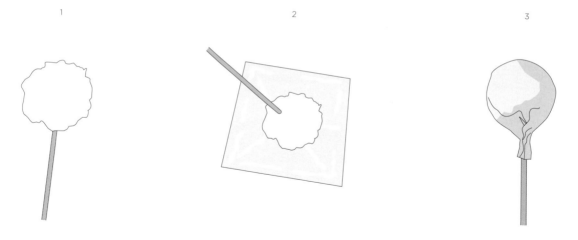

Centro de bola de algodón, forma alargada

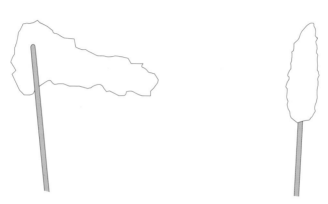

Centro alargado

Para obtener un centro alargado, pellizque la bola de plastilina en la parte superior, con cuidado, para crear una forma similar a una fresa o un huevo. A continuación, estas son algunas orientaciones para crear diferentes tamaños de centro alargado junto con las flores para las que se utilizan.

1. Bola de 1,2 cm con tallo de alambre de 0,8 mm de grosor (centro de ranúnculo).

2. Bola de 2 cm con tallo de alambre de 0,8 mm de grosor (centros de Zinnia y magnolia de hoja caduca).

3. Bola de 2,5 cm con tallo de alambre de 1 mm de grosor (centros de *Rudbeckia* y equinácea).

4. Bola de 2 cm con tallo de alambre de 0,8 mm de grosor (centros de cala y anturio). Forme una bola de 2 cm e introduzca el tallo de alambre en la bola. Empezando en la punta del alambre, pellizque la plastilina ligeramente y estírela hacia la parte inferior del tallo para crear una forma tubular alargada. Gire la plastilina con cuidado entre los dedos para alisar las irregularidades y formar una punta más fina. El centro de plastilina debe medir unos 4 cm de largo.

Centro bulboso

Forme una bola de plastilina con forma de pera, introduzca el alambre en la punta y pellizque la plastilina para formar un cuello alrededor de la base. Estas son algunas orientaciones para crear diferentes tamaños de centro bulboso acompañadas de las flores para las que se utilizan.

1. Bola de 2 cm con tallo de alambre de 0,8 mm de grosor (centros de anémona, amapola de Islandia y amapola oriental).

2. Bola de 2,5 cm con tallo de alambre de 1 mm de grosor (centro de nenúfar). Forme el bulbo y aplaste la parte superior con los dedos; a continuación, utilice una pajita para crear las marcas de las semillas.

3. Bola de 1,2 cm con tallo de alambre de 0,8 mm (centros de margarita africana y margarina Shasta). Forme el bulbo y aplástelo ligeramente ayudándose con los dedos.

CENTRO DE BOLA DE ALGODÓN

Las bolas de algodón sirven como sustitutas de la plastilina y crean centros más suaves y redondeados. Para un centro grande puede utilizar una bola completa, aunque yo prefiero deshacerla y dividirla en varias piezas. De este modo, puedo crear un centro más firme y compacto.

PASO 1   Divida la bola de algodón en varias piezas; a continuación, vuelva a formar una bola con las palmas de la mano o sobre una superficie de trabajo limpia y lisa. Introduzca el tallo de alambre en el centro de la bola y gírelo para que quede bien sujeto entre las fibras.

PASO 2   Tome un cuadrado de papel de seda de 5 x 5 cm y aplique pegamento en los bordes y el centro. Presione la parte superior de la forma de algodón en el centro del cuadrado.

PASO 3   Envuelva la forma de algodón con los bordes del papel. Sujete este al tallo pellizcándolo con los dedos con firmeza.

Centro alargado

Para crear un centro alargado, sujete un extremo de una tira de algodón y envuelva el alambre con ella.

Técnica 5

Centro de bastoncillo de algodón

1   2   3

Centro triple de bastoncillos de algodón

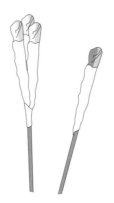

Centro de bastoncillo de algodón con puño y semilla

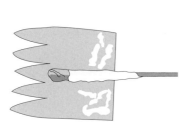

CENTRO DE BASTONCILLO DE ALGODÓN

Para crear un centro con un bastoncillo (o más) de algodón, primero debe determinar qué tipo de soporte tiene el bastoncillo. Tome un bastoncillo y córtelo por la mitad. Si el bastoncillo es hueco, solo tiene que pegar el alambre de floristería directamente dentro del bastoncillo. Los que yo utilizo son de papel enrollado y no están huecos, lo que significa que es preciso sujetarlos al alambre con papel de seda o cinta de floristería.

PASO 1 Antes de sujetar el bastoncillo al alambre, tiene que cubrir el extremo de algodón con papel de seda del color que desee. Para ello, aplique pegamento en el centro y en torno a los bordes de un cuadrado de papel de seda de 5 x 5 cm. Presione la punta del algodón del bastoncillo sobre el centro del cuadrado, envuelva el algodón con los bordes del papel y enrolle estos en el bastoncillo. Si este es hueco, puede pegar el tallo de alambre en su interior. Si el bastoncillo es sólido, siga los pasos 2 y 3.

PASO 2 Corte una tira de papel de seda de 0,6 x 7,5 cm (el color debe coincidir con el del papel de seda que cubre la superficie del algodón). Aplique dos líneas finas de pegamento en los bordes del papel. Superponga 2,5 cm del bastoncillo de algodón con el extremo de un tallo de alambre. A continuación, coloque el tallo y el bastoncillo juntos en un extremo del papel de seda.

PASO 3 Trabaje en diagonal. Doble la esquina de la tira de modo que los tallos queden entre el papel de seda. Sujete los tallos con firmeza mientras los va girando con una mano y guía el papel de seda en torno al alambre con la otra mano. Asegúrese de cubrir por completo la unión para ocultar la punta del alambre y unir con firmeza el bastoncillo al tallo.

Técnicas adicionales

- **Centro triple con bastoncillos de algodón**. Siga las instrucciones para un centro sencillo, pero junte tres mitades de bastoncillos con el alambre (de uno en uno para asegurarse de que queden firmes). Cuando tenga los tres bastoncillos sujetos al tallo de alambre, pegue una tira adicional de papel de seda en torno al ramillete de bastoncillos y alambre para asegurarse de que queden bien sujetos.

- **Centro con puño**. Otra variación consiste en crear un centro con puño. Siga las instrucciones para el centro con bastoncillo de algodón. Corte una pieza de puño de papel de seda, arrugue el borde inferior y aplique una línea fina de pegamento en este borde. Coloque el puño en torno al centro de bastoncillo; asegúrese de alinear la parte superior de la pieza del puño con la punta del centro de bastoncillo de algodón. También puede envolver un estambre con una pieza de puño utilizando este método.

Técnica 6

Bayas y brotes de plastilina

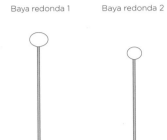

Baya redonda 1   Baya redonda 2

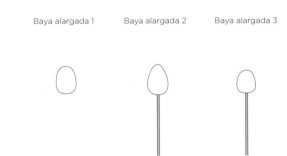

Baya alargada 1   Baya alargada 2   Baya alargada 3

Brote de papel enrollado

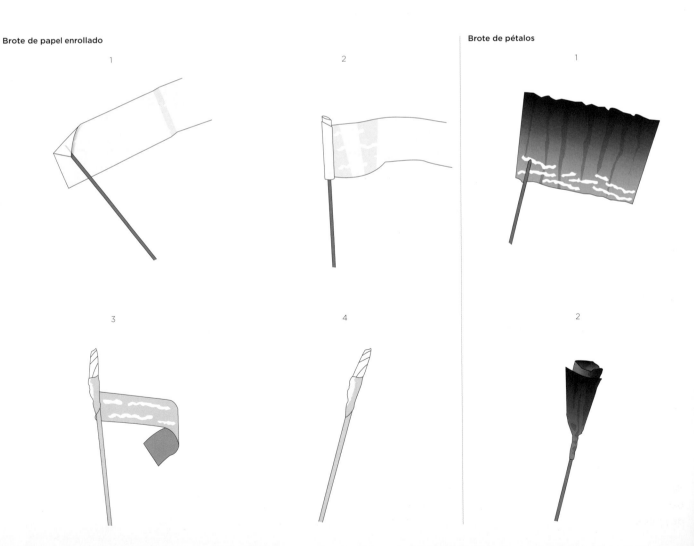

1

2

3

4

Brote de pétalos

1

2

Crear brotes y bayas

Las bayas y los brotes añaden detalle e interés a las flores de papel. Puede utilizar técnicas y materiales similares a los que se indican para los centros.

MATERIALES

Plastilina

Tallos de alambre

Papel de seda

Tijera

BAYAS Y BROTES DE PLASTILINA

Siga las instrucciones para el centro de plastilina de la página 135. Puede utilizar plastilina blanca cubierta con papel de seda de color, o bien plastilina de color.

Formas alternativas

• Para crear una baya o un brote redondos, forme una bola con un trocito de plastilina con las palmas de las manos o sobre una superficie limpia y lisa. A continuación, encontrará algunas orientaciones de tamaños de bayas y brotes redondos junto con las flores correspondientes.

1. Bola de 1,2 cm con tallo de alambre de 0,8 mm de grosor (rama con bayas, bayas de ombú y cosmos, brotes de margarita y dalia).

2. Bola de 0,6 cm sin tallo de alambre (bayas de muérdago y brotes de cerezo). Presione la bola para aplanarla ligeramente por debajo.

• Para crear una baya o un brote alargados, pellizque la bola de plastilina con cuidado por la parte superior a fin de obtener la forma deseada. A continuación, encontrará algunas orientaciones de diferentes tamaños de bayas y brotes alargados junto con las flores correspondientes.

1. Bola de 1,2 cm sin tallo de alambre (brotes de sauce ceniciento). Obtenga una forma de huevo con la plastilina y aplástela ligeramente para crear una zona plana en la parte posterior del brote para sujetarlo a la rama.

2. Bola de 2 cm con tallo de alambre de 0,8 mm (brotes de gladiolo).

3. Bola de 2,5 cm con tallo de alambre de 1 mm (brotes de rosa y vainas de amapola).

BAYAS Y BROTES DE BOLA DE ALGODÓN

Como ocurre con los centros de las flores, las bolas de algodón sirven para crear bayas y brotes más suaves y redondos. Para crear bayas y brotes con este material, siga las instrucciones para el centro de bola de algodón de la página 137.

BROTE DE PAPEL ENROLLADO

Para esta sencilla técnica se utiliza papel de seda en dos colores.

PASO 1 Tome una tira de papel de seda de 2,5 x 50 cm y aplique varias líneas finas de pegamento a lo largo. Coloque el alambre en un extremo del papel y doble una esquina para cubrir el extremo del alambre.

PASO 2 Envuelva el alambre con el papel de seda hasta obtener el grosor y la forma deseados. El brote debería medir aproximadamente 2,5 cm de largo en el alambre.

PASO 3 Utilice papel de seda verde o cinta de floristería para cubrir el tallo y asegurar el brote. Aplique unas líneas finas de pegamento en el papel y superpóngalo unos 0,4 cm de la parte inferior del brote.

PASO 4 Dé forma al brote girándolo entre los dedos y, por último, dóblelo ligeramente.

BROTE DE PÉTALOS

Los brotes de pétalos no tienen centro ni estambre. Los pétalos se sujetan directamente en el extremo de un tallo de alambre.

PASO 1 Aplique pegamento en el borde inferior de un pétalo de papel de seda y coloque el tallo de alambre cerca de un borde.

PASO 2 Doble el borde del pétalo de manera que el alambre quede oculto; a continuación, enrolle el pétalo alrededor del tallo para crear una forma tubular apretada y arrugada.

Técnica 7

Hoja de cartulina

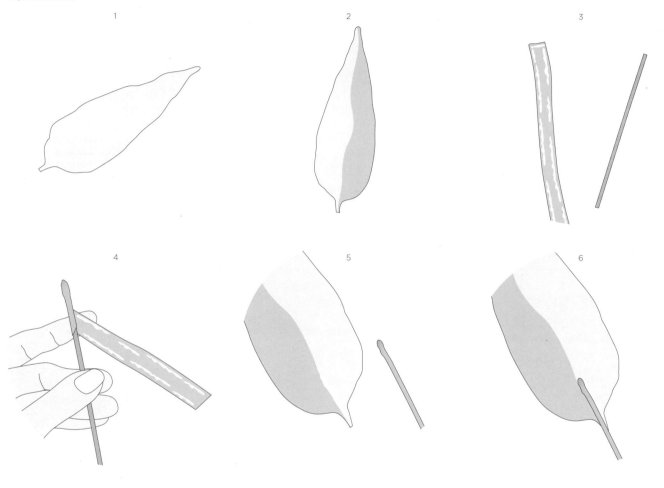

Marcado

Vena pronunciada

Rizado

Crear hojas

En general, las hojas se elaboran con cartulina, que ofrece un bonito contraste con el papel de seda y aporta peso y estabilidad al tallo. La mayoría de las hojas de cartulina se pegan a un tallo de alambre que después se une al tallo principal de la flor. Algunas hojas alargadas y finas, como las del trigo y el jacinto, se pegan directamente al tallo principal con pegamento caliente.

MATERIALES

Cartulina

Lápiz

Tijera

Herramienta para marcar el papel

Pintura

Alambre de 0,8 mm de grosor

Papel de seda

Pegamento

HOJA DE CARTULINA

PASO 1 Delinee la plantilla de la hoja en la parte posterior del papel con un lápiz. Recorte la hoja y borre los trazos visibles de lápiz.

PASO 2 Aplique pintura u otro material decorativo antes de marcar las venas en la hoja. Si la hoja se va a pegar directamente al tallo principal, ya podrá hacerlo; no obstante, la mayoría de las hojas se sujetan al tallo mediante otro tallo de alambre.

PASO 3 Para crear el tallo de la hoja, corte un alambre de 11 cm de largo y 0,8 mm de grosor. Corte una tira de papel de seda de 1,2 x 15 cm y aplique una línea fina de pegamento a lo largo de los dos extremos. Añada una gota de pegamento en ambos extremos.

PASO 4 Sujete el borde del papel contra un extremo del alambre con el pulgar, doble la esquina del papel sobre la punta del alambre y gire el tallo lentamente mientras aplica presión. Guíe la tira de papel con la otra mano durante esta operación; hágalo en diagonal y asegúrese de que el papel queda bien tenso y se superpone. Cuando llegue al extremo del alambre, doble el papel de seda sobre el tallo de manera que quede completamente cubierto y gírelo entre los dedos para que el papel quede bien sujeto.

PASO 5 Aplique una línea fina de pegamento en el revés de la hoja de cartulina siguiendo la vena marcada.

PASO 6 Cuando pegue la hoja al tallo de alambre, asegúrese de que al menos 2,5 cm del alambre queda pegado a la hoja para mayor estabilidad.

Técnicas adicionales

Marcar una hoja de cartulina sirve para crear líneas que imitan a las venas. Tome un plegador de hueso u otra herramienta para marcar papel y marque las venas en la parte posterior de la hoja de cartulina. Doble la cartulina ligeramente por esas líneas para acentuar la forma.

Para obtener venas más pronunciadas, sujete el tallo en la parte delantera de la hoja. Aplique una línea fina de pegamento en la parte delantera de la hoja siguiendo la línea marcada. A continuación, coloque un tallo de alambre de 46 cm de largo cubierto con papel de seda sobre la línea de pegamento. Doble la hoja por la mitad sobre el alambre y deje secar. Cuando el pegamento esté seco, reabra la hoja. Con esta técnica tiene la oportunidad de doblar la vena de alambre para crear curvas suaves en la hoja y lograr un aspecto más realista.

El rizado de los bordes o las puntas de las hojas de cartulina aporta un toque de carácter. Para crear un rizado sutil, utilice los dedos o el lado de la hoja de la tijera y presione el papel ligeramente con el pulgar mientras tira hacia el borde. Para un rizado más pronunciado, enrolle el papel en una pajita o un bolígrafo.

HOJA DE PAPEL DE SEDA

Para crear una hoja más grande y resistente, pegue dos hojas de papel de seda con una capa fina de pegamento. Cuando este se haya secado, puede sujetar y arreglar la hoja del mismo modo que las de cartulina.

Para crear hojas más pequeñas, corte la forma de la hoja, aplique una gota de pegamento en la base y péguela al tallo.

Consejo

Para crear venas en las hojas de papel de seda, doble la hoja por el centro y repase la línea de pliegue.

Técnica 8

Pétalos sencillos

1

2

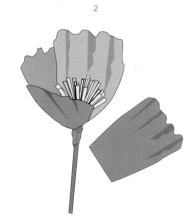

3

Pétalos dobles

1

2

3

Sujetar pétalos

Los pétalos de los proyectos florales de este libro abarcan desde pétalos sencillos a pétalos continuos e incluso con alambre. Sugiero que empiece elaborando flores con pétalos sencillos y dobles antes de experimentar con los diseños más complejos.

MATERIALES

Pétalos de papel de seda
ya cortados

Pegamento

Tallos de alambre

PÉTALOS SENCILLOS

Se elaboran con una forma de pétalo cortada.

PASO 1 Aplique pegamento en la parte inferior (1,2 cm) de cada pétalo. Presione esa zona contra el tallo, inmediatamente debajo del centro o el estambre. Sujete el pétalo al tallo con la mayor firmeza posible; para ello pellizque y gire la base con los dedos.

PASO 2 Disponga los pétalos en torno al centro o el estambre de manera regular y ligeramente superpuestos.

PASO 3 Cuando haya colocado todos los pétalos, continúe trabajando el papel de seda en un movimiento de giro hasta que todos los pétalos estén bien sujetos al tallo. La base de la flor debe quedar firme entre los dedos.

Consejo

Cuando sujete pétalos sencillos o dobles, si trabaja en el sentido de las agujas del reloj logrará una colocación más uniforme; si opta por una colocación aleatoria de los pétalos en torno al centro, obtendrá un aspecto más natural.

PÉTALOS DOBLES

Se crean juntando dos pétalos cortados con la misma forma.

PASO 1 Tome dos pétalos cortados.

PASO 2 Aplique una gota de pegamento en el borde inferior de cada pétalo y péguelos.

PASO 3 Añada volumen colocando el pétalo superior ligeramente torcido antes de pegarlo. Para sujetar pétalos dobles al tallo, siga las instrucciones de los pétalos sencillos.

Técnica 8

Pétalos continuos

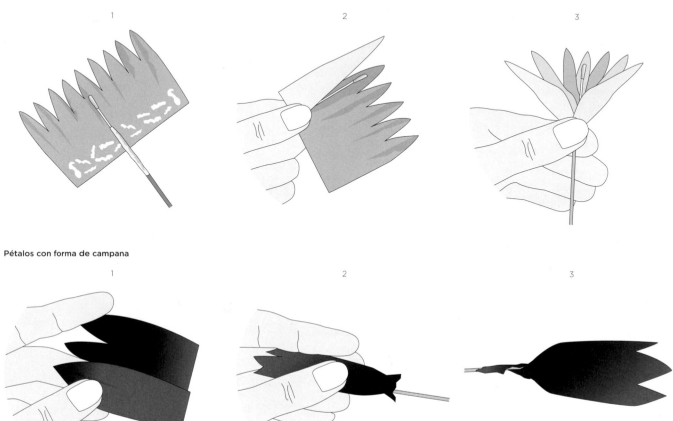

1

2

3

Pétalos con forma de campana

1

2

3

PÉTALOS CONTINUOS

Los pétalos continuos se forman con una sección de formas de pétalos múltiples sujetos a la base como una sola pieza. También se pueden cortar en secciones más pequeñas para facilitar la operación de sujetarlos.

PASO 1 Aplique pegamento en el extremo inferior (1,2 cm) de la sección de pétalos y dispóngala de manera uniforme en torno al centro o directamente en el tallo de alambre si no hay centro. Conserve la textura arrugada.

PASO 2 Empiece sujetando la pieza de pétalos por el centro, no por un extremo. Doble los extremos en torno al centro para asegurarse una colocación uniforme de la pieza y que los pétalos se encuentren sin dejar un espacio vacío o sin que se superpongan en exceso.

PASO 3 En la base de los pétalos, donde ha aplicado el pegamento, gire la flor con firmeza con los dedos para que todas las capas queden bien sujetas. Arregle los pétalos individuales con los dedos para lograr un aspecto más natural.

PÉTALOS CON FORMA DE CAMPANA

Los pétalos de campana pueden resultar un poco complicados en el momento de sujetarlos, de modo que sugiero que empiece con algunas piezas de prueba para encontrar el método que mejor le vaya.

PASO 1 Empiece aplicando una gota de pegamento en un borde de la pieza del pétalo. A continuación, sujete el centro del pétalo entre el pulgar y el índice y rice el pétalo en torno al dedo para crear una forma tubular. Asegure los bordes con la gota de pegamento.

PASO 2 A continuación, introduzca el tallo (con o sin estambre) en el tubo y gire la parte inferior (1,2 cm) de la base del pétalo en torno al alambre.

PASO 3 Aplique una gota de pegamento en la parte exterior de la base retorcida y extienda el pegamento alrededor para asegurar el pétalo. Cuando retire la forma de campana del dedo, tenga cuidado para que el papel no se separe del tallo de alambre.

Consejo

En lugar de trabajar con los dedos para crear la forma de campana, puede enrollar la pieza del pétalo en el extremo de un rotulador. Para las flores más pequeñas, como las del lirio de los valles, utilice el mismo método, pero enrolle la pieza del pétalo en una pajita o el tapón de un bolígrafo con el estambre en el centro.

Técnica 8

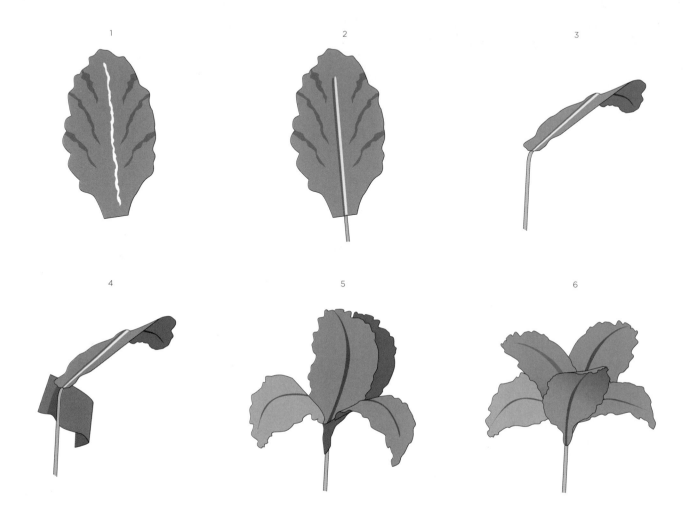

PÉTALOS CON ALAMBRE

Los pétalos con alambre son estupendos para crear curvas definidas, sobre todo en pétalos alargados y finos en los que el papel de seda quedaría muy flojo. Con esta técnica, el alambre se cubre con dos pétalos cortados y queda oculto entre las capas de papel de seda. Asegúrese de utilizar alambre de floristería blanco de 0,2 mm de grosor, o bien cúbralo con papel de seda blanco o del color de los pétalos. El alambre oscuro quedará visible a través del papel de seda, y un grosor mayor creará una vena más prominente en el centro del pétalo.

PASO 1 Aplique una capa fina de pegamento en el centro de una pieza de pétalo, desde la punta hasta la base.

PASO 2 Coloque una pieza recta de alambre de floristería sobre la línea de pegamento y alinee el pétalo superior con el inferior de manera que el alambre quede entre las dos capas. Deje un pequeño espacio en la parte superior del pétalo, entre el borde de este y la punta del alambre; de ese modo, el alambre quedará oculto.

PASO 3 Deje secar los pétalos con pegamento planos antes de sujetarlos al centro. Cuando estén secos, curve la parte superior de los pétalos con alambre hacia atrás, con los dedos, y doble el alambre por la base hacia fuera.

PASO 4 Utilice más papel de seda o cinta de floristería para cubrir el tallo y asegurar el pétalo.

PASO 5 Cuando tenga todos los pétalos ensamblados, cúrvelos un poco más para dar forma a la flor acabada. Curve los pétalos con alambre hacia el centro para obtener una forma ahuecada.

PASO 6 Una alternativa consiste en curvar los pétalos con alambre hacia fuera, hacia la base de la flor, para obtener una forma más abierta.

Técnicas 9 y 10

Sujetar el cáliz

1

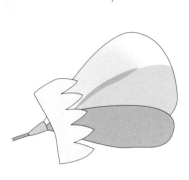

2

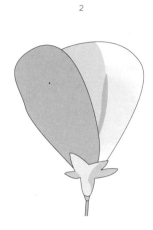

Cubrir tallos

1

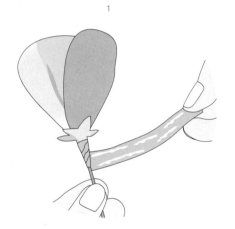

2

3

Cinta de floristería

1

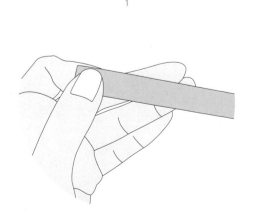

2

Sujetar el cáliz

El cáliz se elabora con cinco o seis piezas de sépalo y se coloca en la base de la flor. La técnica para sujetar el cáliz a una flor de papel es similar a la que se emplea para colocar pétalos continuos (*véase* pág. 147), ya que se unen a la base como una sola pieza.

MATERIALES

Papel de seda ya cortado para el cáliz

Pegamento

Flor de papel

PASO 1 Aplique pegamento en el borde inferior del cáliz de papel y pegue este de manera uniforme en torno a la base de la flor mientras mantiene la textura arrugada. Asegúrese de que los extremos de la sección del sépalo se tocan para dar lugar a una forma continua.

PASO 2 En la base de la sección del sépalo, donde ha aplicado el pegamento, gire con firmeza con los dedos para asegurarse de que todas las capas queden bien sujetas.

Cubrir tallos

El uso de papel de seda o cinta de floristería para cubrir los tallos es cuestión de gustos personales. Yo prefiero utilizar tiras de papel de seda pegadas al alambre porque los colores son más intensos que los de la cinta (que suele ser de un color verde más oscuro y apagado).

MATERIALES

Papel de seda

Pegamento

Flor de papel

Cinta de floristería

PAPEL DE SEDA

PASO 1 Tome una tira de papel de seda de 1,2 cm de ancho y aplique líneas finas de pegamento a lo largo, en los dos bordes, y una gota en cada extremo. Empezando por debajo de los pétalos y el cáliz, aplique la tira de papel de seda para cubrir el tallo. Sujete el extremo del papel en la base de la flor con el pulgar, con firmeza, y gire lentamente el tallo sin dejar de aplicar presión; guíe el papel con la otra mano.

PASO 2 Asegúrese de tensar y superponer la tira de papel a medida que avanza diagonalmente hacia la parte inferior del tallo.

PASO 3 Al final del alambre, doble el papel de seda hacia arriba, sobre el tallo, para cubrir el alambre por completo. Gire el alambre sujetándolo con firmeza para que el papel de seda quede bien pegado.

CINTA DE FLORISTERÍA

PASO 1 El truco para que la cinta de floristería quede pegada es estirarla a medida que la va colocando, ya que así se activa el adhesivo de la cinta. Sujete firmemente con el pulgar el final de la cinta contra la base de la flor y gire suavemente el tallo mientras presiona y estira la cinta con la otra mano. Presione al mismo tiempo la cinta y el tallo, pellizcando la cinta contra el tallo con el pulgar y el índice.

PASO 2 A medida que va trabajando hacia la parte inferior del tallo, asegúrese de que la cinta lo envuelve firme y completamente. Al final del alambre, doble la cinta hacia arriba y por encima del tallo, cubriendo el extremo del alambre completamente. Gire el alambre firmemente con los dedos para que la cinta quede bien sujeta.

Técnica 11

Hoja de papel de seda

1

2

Hoja de cartulina

1

2

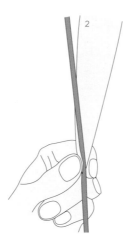

3

Sujetar hojas

Las siguientes técnicas explican cómo se sujetan las hojas de papel de seda y de cartulina directamente al tallo de la flor. Antes de pegar una hoja al tallo, pellizque la base de la hoja contra el tallo para darle forma, porque cuando el pegamento esté seco no podrá manipular la hoja en el punto de unión. No olvide cubrir primero el tallo con papel de seda o cinta de floristería en el punto donde va a sujetar las hojas.

MATERIALES

Hojas de papel de seda ya cortadas

Pegamento

Flor de papel

Hojas de cartulina ya cortadas

Pistola termofusible

Cinta de floristería (opcional)

HOJA DE PAPEL DE SEDA

Tenga mucho cuidado cuando sujete hojas de papel de seda; las hojas pequeñas son especialmente delicadas.

PASO 1   Aplique una gota de pegamento en la base de la hoja y sujétela al tallo; pellizque con los dedos hasta que el pegamento quede viscoso.

PASO 2   Dé forma a las hojas con los dedos; tenga cuidado para no desgarrar el papel húmedo.

Consejo

Trate de combinar los colores de la hoja y el tallo para camuflar la unión.

HOJA DE CARTULINA

Cuando sujeto hojas de cartulina directamente al tallo principal, prefiero utilizar la pistola termofusible porque el pegamento se seca rápidamente y aporta más resistencia a la unión.

PASO 1   Aplique una gota de pegamento caliente en el extremo inferior de la hoja.

PASO 2   Presione la hoja en el tallo. Tenga cuidado de no quemarse los dedos si rezuma pegamento caliente del borde de la hoja.

PASO 3   Utilice una tira de papel de seda de 1,2 cm de ancho de un color que combine con el resto del tallo para cubrir la base de la hoja y el pegamento que haya podido quedar visible en la unión.

Técnica 12

Sujetar tallos adicionales

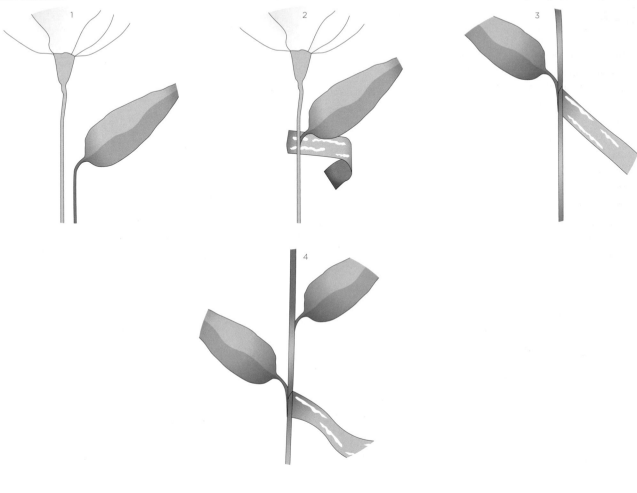

Zarcillos

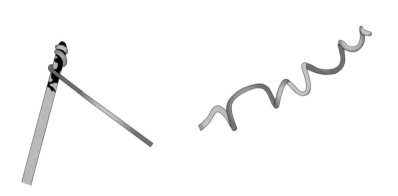

Sujetar tallos adicionales

Añadir tallos de alambre adicionales al tallo principal requiere un poco de paciencia, pero con estos consejos le resultará mucho más fácil. Primero veremos la técnica básica para añadir tallos y después pasaremos a los diferentes tipos de estructura de las plantas incluidas en este libro. Crear flores con múltiples tallos y flores pequeñas requiere tiempo, pero los resultados son muy satisfactorios y complementan a la perfección las flores grandes e individuales de los arreglos.

MATERIALES

Alambre de floristería

Flores y hojas de papel

Papel de seda

Lápiz o pincho de madera

Cinta de floristería

Pegamento (si utiliza papel de seda)

Consejo

Espere a que el pegamento de los tallos cubiertos se seque por completo antes de dar forma a las flores; de ese modo evitará desgarrar el papel en las junturas de alambre.

PASO 1 Tome el alambre adicional con una hoja o una flor en el extremo. Doble el alambre de manera que quede separado del tallo principal; de ese modo, la hoja y/o la flor no quedarán ocultas.

PASO 2 Recuerde que cada tallo añadido al tallo principal debe tener al menos 2,5 cm sujeto a dicho tallo para soportar su peso. Para unir dos tallos, sujete los alambres con firmeza en el punto de unión deseado con la mano no dominante y, con la otra mano, enrolle una sección de 5-7,5 cm con una tira de papel de seda de 1,2 cm, con pegamento, o cinta de floristería precortada, para juntar los tallos. De ese modo, los alambres no se doblarán a medida que trabaje, lo que resulta de especial ayuda cuando se añaden varios tallos al tallo principal.

PASO 3 Continúe envolviendo el tallo principal con tiras de papel de seda o de cinta de floristería más allá del punto de unión para asegurarse de que no quede visible ningún alambre floral.

PASO 4 También puede añadir alambres para ocultar pequeñas muescas en el tallo principal, donde un tallo más corto no alcance toda la longitud del tallo principal. Tome un alambre recto del mismo grosor que el alambre corto para ampliar la longitud del tallo principal. Aplique una gota de pegamento debajo del alambre más corto y coloque el nuevo alambre directamente por debajo, lo más cerca posible. El pegamento ayudará a mantener los alambres juntos y reforzará ese punto. Cubra los tallos con una tira de papel de seda de 1,2 cm de ancho o con cinta de floristería.

ZARCILLOS

Además de tallos normales, puede añadir zarcillos a sus arreglos para darles un toque decorativo extra.

PASO 1 Tome un alambre de 23 cm de largo y 0,65 mm de grosor envuelto en papel de seda y enróllelo en un lápiz o un pincho de madera. Deje recto aproximadamente 5 cm de un extremo para sujetarlo al tallo principal.

PASO 2 Retire el alambre enrollado y estire los extremos. Para lograr un aspecto más natural, pruebe a invertir, deshacer y doblar el bucle de alambre.

Estructuras de las plantas

Veamos algunos métodos para crear plantas con diferentes tipos de tallo.

Flor sencilla

Se trata de una estructura básica que consiste en una flor en un tallo principal. Para casi todas las flores sencillas utilizo alambres de 23 cm porque puedo obtener dos flores de una pieza de alambre de floristería de 46 cm. Las flores sencillas pueden incluir hojas sujetas directamente al tallo o bien hojas con alambre que se sujetan al tallo principal. Algunos ejemplos son la peonía (págs. 14-16), la anémona (pág. 34), la amapola (págs. 35, 38, 39 y 101) y la rosa (págs. 62 y 63).

Ramillete

El ramillete se crea añadiendo varios tallos en la parte superior de un tallo principal para formar una flor más grande con diversas flores pequeñas. Utilizo alambre de 1 mm de grosor para el tallo principal, que aporta mayor estabilidad a la flor acabada. Empiece sujetando un tallo directamente en el extremo del tallo principal, uniendo las piezas con tiras de papel de seda de 1,2 cm de ancho. Asegúrese de cubrir el tallo a medida que avanza. A continuación, añada cada tallo en torno a la primera flor para asegurarse de que los alambres no

se muevan y llene los espacios vacíos. Cuando encuentre el punto donde quiera colocar un tallo, dóblelo justo por encima del punto donde se unirá al tallo principal; de ese modo no aplastará las flores mientras sujeta los tallos. Cuando tenga todos los tallos sujetos, envuelva el ramillete de tallos un par de veces más para asegurarse de que quedan bien sujetos. Algunos ejemplos son la hortensia (pág. 11), el rododendro (pág. 12), la flor del ajo (pág. 28) y la godetia (pág. 40).

Espiga

Una espiga es un tallo alto con una columna con varias flores. Cuando trabaje con tallos altos y verticales, enrolle dos alambres de 46 cm de largo y 1 mm de grosor para aportar mayor estabilidad. Empiece sujetando un brote o una flor en el extremo del tallo principal con tiras de papel de seda de 1,2 cm de ancho, y añada tallos adicionales trabajando de arriba a abajo. Asegúrese de cubrir el tallo de alambre a medida que avanza. Cada tallo de alambre debe doblarse por detrás de la flor antes de unirlo al tallo principal; de este modo se facilita la colocación y se evita aplastar los pétalos durante el ensamblaje. El tallo principal se puede doblar un poco cuando el pegamento se haya secado. Las espigas se pueden dejar verticales, como en el caso de la malvarrosa; dobladas en una ligera curva, como las fresias, o con una curva más pronunciada para crear una forma colgante, como en el lirio de los valles.

Algunos ejemplos son la fresia (pág. 72), el lirio de los valles (pág. 94), la dedalera (pág. 95) y la malvarrosa (pág. 104).

Enredadera

Para ensamblar una enredadera, trabaje desde la punta del tallo hasta la base y junte las piezas con tiras de papel de seda de 1,2 cm. Cubra bien el tallo a medida que va avanzando. Cada tallo debe doblarse directamente por detrás de la flor antes de unirlo al tallo principal; de ese modo, el proceso le resultará más sencillo y no aplastará los pétalos mientras trabaja. El tallo principal se puede doblar ligeramente cuando el pegamento se haya secado. Algunos ejemplos son el guisante de olor (pág. 24), la madreselva (pág. 50), la enredadera de boniato (pág. 52) y la correhuela (pág. 106).

Rama

Utilizo ramas de árbol encontradas que recorto a unos 60 cm de largo y a las que retiro algunas de las ramas más pequeñas. Sujete flores, brotes y hojas de cartulina directamente a la rama con una gota de pegamento caliente. Los brotes y las flores que se vayan a sujetar a una rama deben ir acompañados de un tallo de alambre; posteriormente se recortan en la base a fin de proporcionar una superficie plana para el pegamento. Las hojas de papel de seda se pueden pegar a la rama con pegamento normal. Algunos ejemplos son el cornejo (pág. 43) y el cerezo (pág. 46).

Flor sencilla

Ramillete

Espiga

Enredadera

Rama

Técnica 13

Arreglar hojas y tallos

Cuando el pegamento esté seco, será el momento de añadir los toques finales doblando los tallos de alambre en diferentes ángulos y curvas. Si deja los tallos rectos, las flores lucirán rígidas. Curvar los alambres crea un estilo más natural y fluido.

MATERIALES

Tallos con hojas

Flores de papel

Arreglar las hojas

Arreglar los tallos

PASO 1   Sujete los alambres con firmeza justo por debajo de la unión entre el tallo de la hoja y el tallo principal.

PASO 2   En la unión, doble los tallos de las hojas en diferentes ángulos. Sujete la hoja entre el pulgar y el resto de dedos y doble el alambre en el punto donde la hoja se une al alambre.

PASO 1   Para las flores sencillas, doble el tallo ligeramente en la base de la flor. De ese modo se conseguirá una vista bonita de la flor tanto de frente como desde arriba.

PASO 2   Prefiero trabajar con los dedos para crear dobleces y ángulos sutiles e imperfectos. No obstante, otra opción consiste en doblar los tallos alrededor de botellas o tarros para que las curvas sean más uniformes.

Ramo

PROYECTO

Crear un ramo requiere paciencia,
ya que se necesita tiempo
para dar a las flores y los tallos
el ángulo exacto. Los resultados,
no obstante, merecen la pena.
Este ramo, que aparece en
la página 36, podría servir como
un ramo de novia precioso y único,
como recuerdo o para adornar
una mesa o algún rincón.
¿Y a quién no le gusta recibir
un ramo que nunca se marchitará?

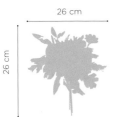

26 cm

26 cm

Este ramo mide aproximadamente
26 cm de alto y 26 cm de ancho.

Prepare las siguientes flores y hojas:

1 peonía «*Pink Hawaiian Coral*» de papel de seda de color rosa salmón sumergido en agua, 1 hoja grande y 2 hojas pequeñas en un tallo de alambre de 23 cm de largo y 1 mm de grosor

1 amapola de Islandia de papel de seda de color coral sumergido en lejía y 2 hojas en un tallo de alambre de 23 cm de largo y 0,8 mm de grosor

1 amapola de Islandia de papel de seda de color naranja claro sumergido en agua y 2 hojas en un tallo de alambre de 23 cm de largo y 0,8 mm de grosor

2 ramas de jazmín de papel de seda blanco (cada rama cuenta con 3 flores y 2 hojas) en tallos principales de 23 cm de largo y 1 mm de grosor

3 cosmos chocolate de papel de seda de color rojo vino sumergido en agua, con 1 hoja cada uno, en 3 tallos de alambre de 38 cm de largo y 0,8 mm de grosor

2 tallos de helecho de cartulina de color verde oliva en tallos de alambre de 38 cm de largo y 0,8 mm de grosor

---

MATERIALES

Secciones precortadas de 5-7,5 cm de largo de cinta de floristería

Cortaalambres

Elemento decorativo para cubrir los tallos (opcional)

Jarrón o recipiente para colocar el ramo (opcional)

PASO 1 Empiece con la flor más grande (la peonía), que proporcionará el mejor anclaje visual y estructural para el arreglo. Además, el hecho de doblar y disponer los tallos de las flores más pequeñas separados de la flor más grande ayudará a evitar que esta resulte dañada o que quede deforme, y el ramo tendrá una forma final esférica. Sujete la peonía con la mano no dominante e incline la flor ligeramente hacia delante. Disponga las hojas en torno a la cara de la flor. Normalmente, muevo todas las hojas un poco durante el proceso de ensamblaje para conseguir el mejor aspecto y espaciado del ramo. Las hojas también sirven para rellenar espacios vacíos en el ramo.

PASO 2 Añada las dos amapolas de Islandia de manera que el conjunto adopte una forma triangular. No tema doblar los tallos ligeramente y en distintas direcciones; no todas las flores tienen que mirar hacia delante, y las amapolas contribuyen a aportar profundidad y variedad cromática al arreglo.

PASO 3 Sujete la primera pieza de cinta de floristería directamente debajo de la unión de la hoja más baja. Tense bien la cinta mientras rodea con ella los tres tallos que sujeta con la otra mano. Esa pieza de cinta le servirá como guía para doblar y añadir el resto de tallos.

PASO 4 A continuación, añada los tallos de jazmín. Las flores en ramillete, como las de esta flor, ayudan a rellenar los espacios vacíos y aportan una interesante variedad de texturas. Asegure los tallos de jazmín con otra pieza de cinta de floristería; trate de cubrir la misma zona que en el paso anterior.

PASO 5 A continuación, añada el cosmos chocolate y junte los tallos con cinta en el mismo punto. Para mí, las flores sencillas más pequeñas son como topos o lunares que aportan varios toques de color repetitivo en todo el ramo. Me gusta utilizar esta técnica para añadir un tono más oscuro o más intenso a la paleta cromática. A continuación, incorpore los tallos de helecho. Agrupe los tallos de follaje decorativo y dóblelos en diferentes ángulos para aportar al ramo un aspecto general más natural.

PASO 6 Corte los extremos inferiores de los tallos con un cortaalambres a fin de obtener una base más uniforme para el arreglo terminado. También puede cortar con una altura específica para un jarrón o un recipiente determinado. Ahora puede separar los tallos a partir de la juntura con cinta y dejarlos expuestos o bien agruparlos y envolver los tallos con cinta de floristería desde la juntura hacia abajo. Cuando tenga el ramo formado, puede dejar como están la unión con cinta y los tallos o bien cubrirlos con algún detalle decorativo como un lazo, encaje, tiras de tela, bramante o una tira de cuero.

Consejo

Para obtener los mejores resultados con un ramo de flores de papel, me gusta dar forma al ramo mientras sujeto las flores en la mano; voy doblando los tallos y uniéndolos con secciones de 5-7,5 cm de cinta de floristería. Esta mantiene los tallos unidos porque se pega ligeramente, lo que hace que colocar los tallos alrededor del ramo resulte más sencillo a medida que este va aumentando.

Ramillete, flores para el ojal y horquilla para el pelo

PROYECTO

Ensamblar un ramillete es como crear un ramo en miniatura. Me gusta trabajar con una flor protagonista y añadir varias flores más pequeñas y algunas hojas. Para elaborar una versión más pequeña y sencilla, elija una flor vistosa y una hoja a modo de toque complementario. Si va a elaborar varias piezas combinadas o una colección, utilice elementos repetitivos en cada arreglo para unificar el conjunto. Cuando elabore un ramillete, flores para el ojal o una horquilla para el pelo, recuerde que la parte posterior del arreglo debe quedar plana, ya que se lucirá pegado al cuerpo. Antes de empezar a ensamblar el arreglo, doblo las flores hacia delante en diferentes ángulos. A continuación, me gusta sujetar los tallos juntos con una mano para dar forma al ramo antes de empezar con la cinta de floristería; de ese modo me resulta más fácil conseguir la colocación más segura de las flores y crear una base resistente a partir de los tallos. Estos preciosos ramilletes aparecen en la página 37.

1

2

3

12 cm

14 cm

Este ramillete mide aproximadamente 14 cm de alto y 12 cm de ancho.

Para el ramillete A, elabore las siguientes flores y hojas:

1 rama de olivo con 5 hojas de cartulina verde salvia y verde salvia claro en un tallo de alambre de 11 cm de largo y 0,65 mm de grosor

2 flores de jazmín de papel de seda lila blanqueado en 2 tallos de alambre de 11 cm de largo y 0,65 mm de grosor

1 flor de malva de papel de seda lila blanqueado con rayas pintadas en un tallo de alambre de 11 cm de largo y 0,65 mm de grosor

1 flor de godetia de papel de seda rosa fuerte con rayas pintadas de color magenta en un tallo de alambre de 11 cm de largo y 0,65 mm de grosor

1 rosa Julieta de papel de seda rojo sumergido en agua con 2 hojas en un tallo de alambre de 11 cm de largo y 0,65 mm de grosor

Para el ramillete B, elabore las siguientes flores y hojas:

1 rama de olivo con 5 hojas de cartulina verde salvia y verde salvia claro en un tallo de alambre de 11 cm de largo y 0,65 mm de grosor

2 flores de jazmín de papel de seda lila blanqueado en 2 tallos de alambre de 11 cm de largo y 0,65 mm de grosor

1 flor de malva de papel de seda lila blanqueado con rayas pintadas en un tallo de alambre de 11 cm de largo y 0,65 mm de grosor

1 flor de godetia de papel de seda naranja claro sumergido en agua en un tallo de alambre de 11 cm de largo y 0,65 mm de grosor

1 rosa Julieta de papel de seda rojo blanqueado con 2 hojas en un tallo de alambre de 11 cm de largo y 0,65 mm de grosor

Para el ramillete C, elabore las siguientes flores y hojas:

1 rama de olivo con 5 hojas de cartulina verde salvia y verde salvia claro en un tallo de alambre de 11 cm de largo y 0,65 mm de grosor

2 flores de jazmín de papel de seda lila blanqueado en 2 tallos de alambre de 11 cm de largo y 0,65 mm de grosor

1 flor de malva de papel de seda lila blanqueado con rayas pintadas en un tallo de alambre de 11 cm de largo y 0,65 mm de grosor

1 flor de godetia de papel de seda rojo vino blanqueado en un tallo de alambre de 11 cm de largo y 0,65 mm de grosor

1 rosa Julieta de papel de seda amarillo claro con rayas rojas pintadas y con 2 hojas en un tallo de alambre de 11 cm de largo y 0,65 mm de grosor

---

MATERIALES

Secciones precortadas de cinta de floristería de 5-7,5 cm

Cortaalambres

Consejo

Prefiero utilizar cinta de floristería para unir los tallos, ya que la capa de cera de la cinta permite pegar con mayor facilidad un alfiler o una aguja de sombrero para fijar las flores a la prenda de vestir que vayan a adornar.

PASO 1 Empiece sujetando la rosa con el tallo doblado hacia delante en la mano no dominante y disponga las hojas como prefiera. Puede ir ajustando las hojas a medida que añade más tallos. Luego, coloque la godetia y junte los tallos con cinta; asegúrese de que esta empiece lo más cerca posible de la juntura de hoja más baja.

PASO 2 Repita el proceso añadiendo las flores de malva y jazmín de una en una para rellenar los espacios en torno a la rosa y la godetia. Por último, añada la rama de olivo en la parte posterior del arreglo y ajuste la altura a su gusto antes de sujetar con cinta el resto de los tallos.

PASO 3 Para que el resultado se vea bonito y pulido, corte los extremos inferiores de los tallos de manera que tengan una longitud uniforme. A continuación, cubra los extremos cortados con unas cuantas piezas más de cinta de floristería para obtener un solo tallo pulido.

DIFERENTES ACABADOS

Para elaborar una pulsera de flores, adorne el arreglo con un lazo de 46 cm de largo y 2,5 cm de ancho. Aplique una gota de pegamento caliente en el centro del lazo. Espere a que se seque el pegamento y ate el lazo en la muñeca. Corte los extremos del lazo a la longitud que desee.

Para elaborar un ramillete para el ojal, sujete el arreglo a la prenda de vestir elegida con un alfiler.

Para elaborar una horquilla para el pelo, utilice pasadores para sujetar el ramillete o introduzca los tallos unidos directamente en el moño o el recogido.

Cadeneta de flores

PROYECTO

Esta cadeneta de flores,
que aparece en la página 88,
constituye un estupendo
elemento decorativo para
una fiesta. Resulta ideal
para colocarla en la repisa
de la chimenea, colgada
en la pared con chinchetas
decorativas o, simplemente,
colocada en el centro de una
mesa, a lo largo. La longitud
de la cadeneta se puede ajustar
añadiendo más «eslabones»
de flores. Se pueden utilizar
varias cadenetas para crear
una cortina de flores espectacular.

La cadeneta mide aproximadamente
150 cm de alto y 15 cm de ancho.

Elabore las siguientes flores:

3 amapolas de Islandia de papel
de seda amarillo claro blanqueado en
3 tallos de alambre de 23 cm de largo
y 0,8 mm de grosor

3 amapolas de Islandia de papel
de seda naranja claro blanqueado en
3 tallos de alambre de 23 cm de largo
y 0,8 mm de grosor

3 ranúnculos de papel de seda
amarillo dorado con rayas blanqueadas
en 3 tallos de alambre de 23 cm de largo
y 0,8 mm de grosor

3 ranúnculos de papel de seda
rosa fuerte con rayas blanqueadas en
3 tallos de alambre de 23 cm de largo
y 0,8 mm de grosor

5 dalias Dinnerplate de papel de seda
rosado con rayas de tinta acrílica rosa
claro en 5 tallos de alambre de 23 cm
de largo y 0,8 mm de grosor

Recorte las siguientes hojas de diferentes tonos de cartulina verde, pero no las sujete a tallos de alambre separados:

6 hojas de amapola de Islandia

6 hojas de ranúnculo

5 hojas de dalia Dinnerplate

MATERIALES

Pegamento

PASO 1 Antes de ensamblar la cadeneta, piense dónde la va a colocar. Puede crear un patrón repetitivo o colocar las flores de manera aleatoria. En cualquier caso, ¡el resultado será precioso! Una vez tomada esta decisión, empiece a sujetar las hojas directamente en el extremo inferior del tallo de flor correspondiente. Aplique una línea fina de pegamento en el revés de la hoja, en la vena marcada. Espere a que el pegamento se seque.

PASO 2 Empezando en un extremo de la cadeneta, sujete la primera flor con la mano dominante. Con la otra mano doble el alambre de manera que el extremo del tallo de la hoja se encuentre con la base de la flor, formando así un bucle desde el centro del tallo. A continuación, doble el tallo de la hoja en torno a la base de la flor. Asegúrese de crear al menos un giro completo para que la estructura sea resistente.

PASO 3 Doble el tallo de la flor justo por debajo de esta y de manera que quede mirando hacia delante; normalmente se trata de un ángulo de 45-90°, pero puede ajustarlo durante el arreglo de la cadeneta. Dé al bucle la forma de lágrima para que la hoja del siguiente eslabón pueda pasar.

PASO 4 Cuando forme el siguiente eslabón, tome el anterior con la mano dominante para mantenerlo apartado mientras forma otro bucle y dobla el alambre. Repita con cada flor hasta obtener la longitud deseada.

PASO 5 Cuando coloque la cadeneta, es posible que tenga que ajustar algunas flores debido a los giros que se producen en este tipo de adornos. No tiene más que doblar las flores y las hojas en diferentes ángulos para lograr la mejor colocación y apretar los bucles para extender la cadeneta.

Diadema de flores

PROYECTO

Esta vistosa diadema de flores, que aparece en la página 89, conseguirá que quien la luzca se sienta muy especial y resulta ideal para una niña o una jovencita en su cumpleaños o como accesorio de novia diferente. También puede utilizar la diadema como corona floral decorativa. La diadema es plana por un lado, el que debe quedar sobre la cabeza, por lo que conviene recordar qué lado será el superior cuando coloque las flores en el tallo principal. Asegúrese de sujetar todas las flores al tallo principal y de esperar a que se seque el pegamento antes de doblar el tallo principal para formar la diadema.

La diadema mide aproximadamente 24 cm de alto y 26 cm de ancho.

26 cm

24 cm

Elabore las siguientes flores y hojas con tallos de alambre de 11 cm de largo y 0,65 mm de grosor:

3 flores de amapola de California de papel de seda naranja claro sumergido en agua

3 flores de camelia enana de papel de seda de color crema

3 flores de Zinnia de papel de seda rosa fuerte con rayas pintadas de color magenta

4 flores de correhuela de papel de seda azul intenso

5 flores de hortensia de papel de seda verde claro con manchas de color rojo vino

8 hojas de cartulina verde intenso

4 hojas de cartulina verde oscuro

(para este proyecto se ha utilizado la plantilla de hoja 37, pág. 175, pero cualquier hoja más pequeña también dará buenos resultados)

MATERIALES

Tiras precortadas de papel de seda verde claro de 7,5 x 1,2 cm

1 lazo de 122 cm para atar la diadema

1 tallo de alambre de 46 cm de largo y 1 mm de grosor cubierto con papel de seda verde claro

Pegamento

Cortaalambres

PASO 1 Empiece creando un pequeño bucle en cada extremo del tallo principal de 46 cm; para ello enrolle el extremo del alambre en un lápiz. Asegúrese de que los bucles apunten en la misma dirección.

PASO 2 Doble los tallos de alambre de las hojas en diferentes ángulos, hacia delante o a un lado (los ángulos de 30-45° van bien para combinar estos componentes pequeños en el tallo principal). Los ángulos se pueden ajustar más tarde, antes de sujetar los tallos al tallo principal, y después se pueden ajustar de nuevo, cuando la diadema ya esté lista. Combine las hojas con algunas flores de manera aleatoria o siguiendo un patrón, como prefiera. Sujete los tallos con tiras de papel de seda verde claro de 7,5 x 1,2 cm y pegamento antes de unirlos al tallo principal.

PASO 3 Empezando en un extremo del tallo principal de 46 cm, justo por debajo del bucle, y trabajando hacia el otro extremo, separe los tallos de flores y hojas en 2,5 cm, aproximadamente. Dirija cada flor y cada hoja en diferentes ángulos para agrupar las flores a medida que va añadiendo los tallos uno a uno. Utilice las tiras de papel de seda de 7,5 x 1,2 cm con pegamento para unir los tallos florales al tallo principal. Toda esta operación la puede llevar a cabo con cinta de floristería, pero yo prefiero el papel de seda para dar el menor volumen posible a los tallos y evitar que la diadema quede muy pesada. Cuando llegue al final, tendrá que recortar algunos tallos más cortos que el bucle al final del alambre. A continuación, cubra los extremos con una tira de papel de seda.

PASO 4 Cuando el pegamento se haya secado por completo, sujete el tallo principal con las dos manos junto a los bucles, por los extremos, y doble el tallo con flores sobre la cabeza de la persona que vaya a lucir la diadema o en un cuenco grande para obtener una forma más circular. Pase el lazo por cada bucle y átelo por detrás de la cabeza.

Plantillas

Plantillas

Todas las plantillas se muestran a tamaño real

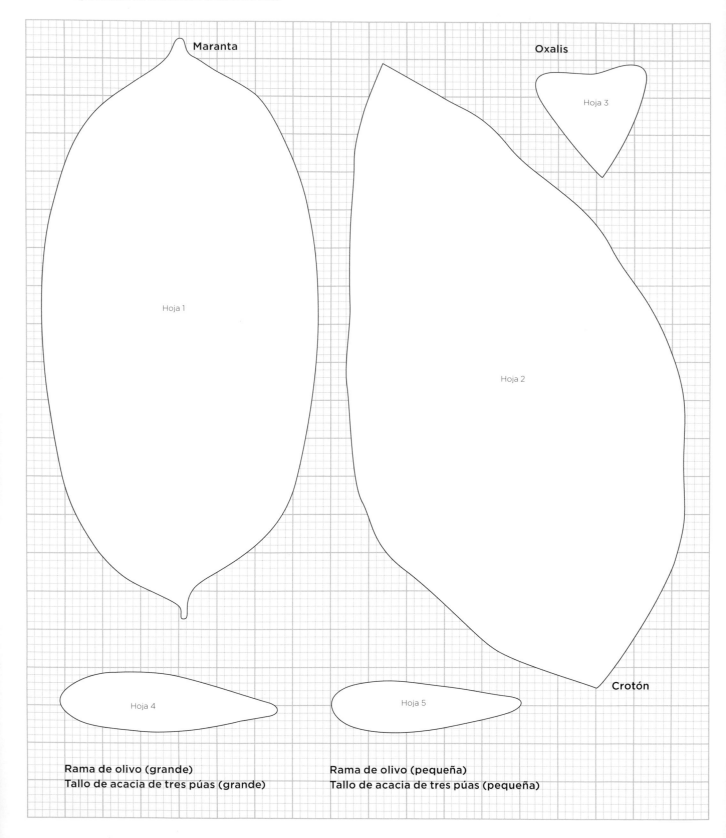

Maranta

Hoja 1

Oxalis

Hoja 3

Hoja 2

Crotón

Hoja 4

Rama de olivo (grande)
Tallo de acacia de tres púas (grande)

Hoja 5

Rama de olivo (pequeña)
Tallo de acacia de tres púas (pequeña)

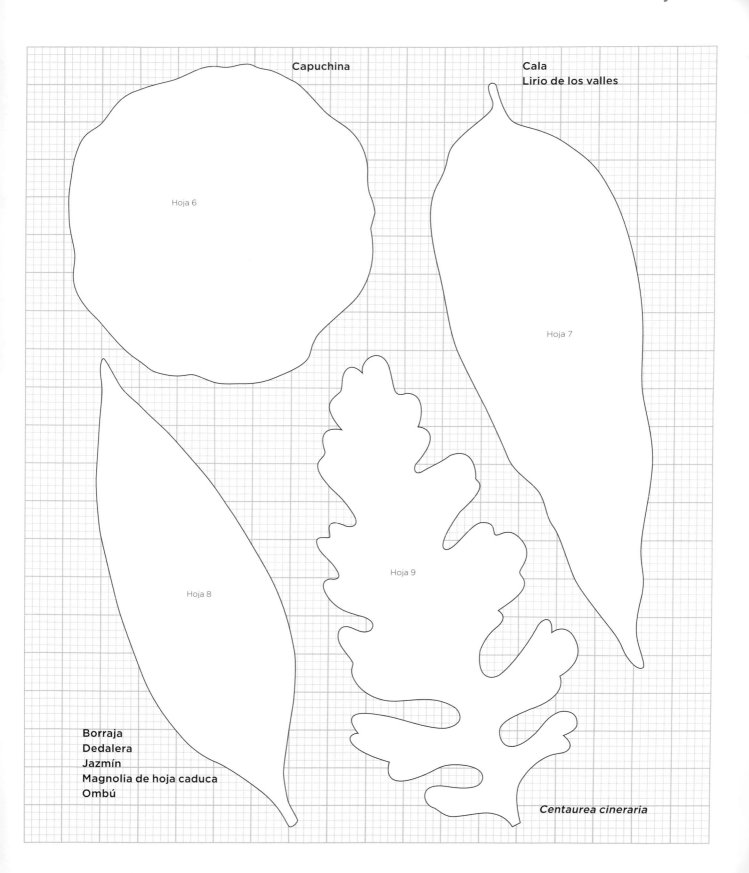

Capuchina

Cala
Lirio de los valles

Hoja 6

Hoja 7

Hoja 8

Hoja 9

Borraja
Dedalera
Jazmín
Magnolia de hoja caduca
Ombú

Centaurea cineraria

Plantillas

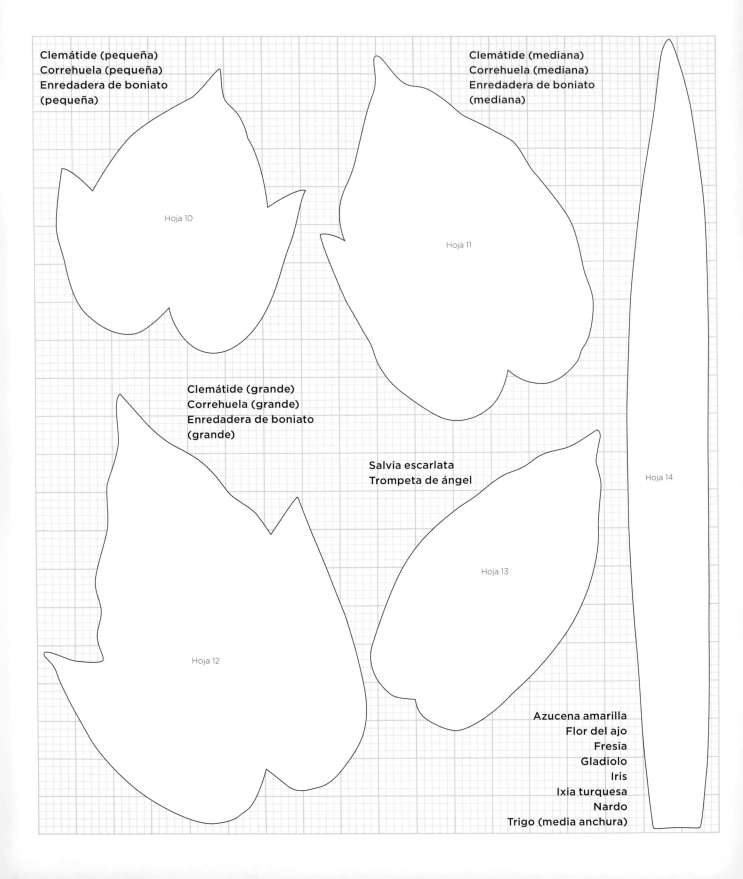

Clemátide (pequeña)
Correhuela (pequeña)
Enredadera de boniato (pequeña)

Hoja 10

Clemátide (mediana)
Correhuela (mediana)
Enredadera de boniato (mediana)

Hoja 11

Clemátide (grande)
Correhuela (grande)
Enredadera de boniato (grande)

Hoja 12

Salvia escarlata
Trompeta de ángel

Hoja 13

Hoja 14

Azucena amarilla
Flor del ajo
Fresia
Gladiolo
Iris
Ixia turquesa
Nardo
Trigo (media anchura)

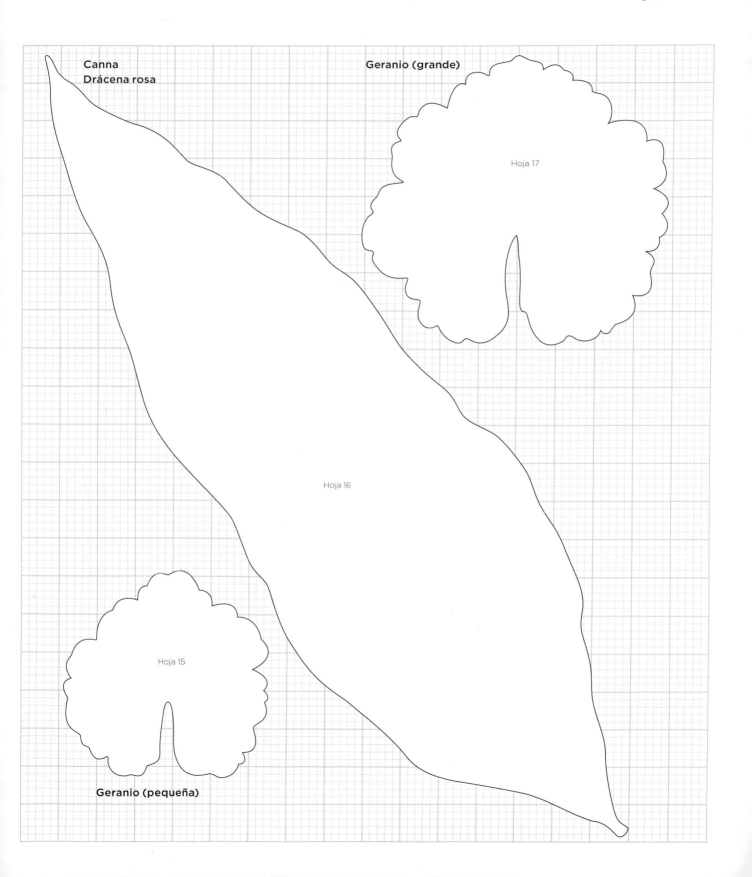

Canna
Drácena rosa

Geranio (grande)

Hoja 17

Hoja 16

Hoja 15

Geranio (pequeña)

Plantillas

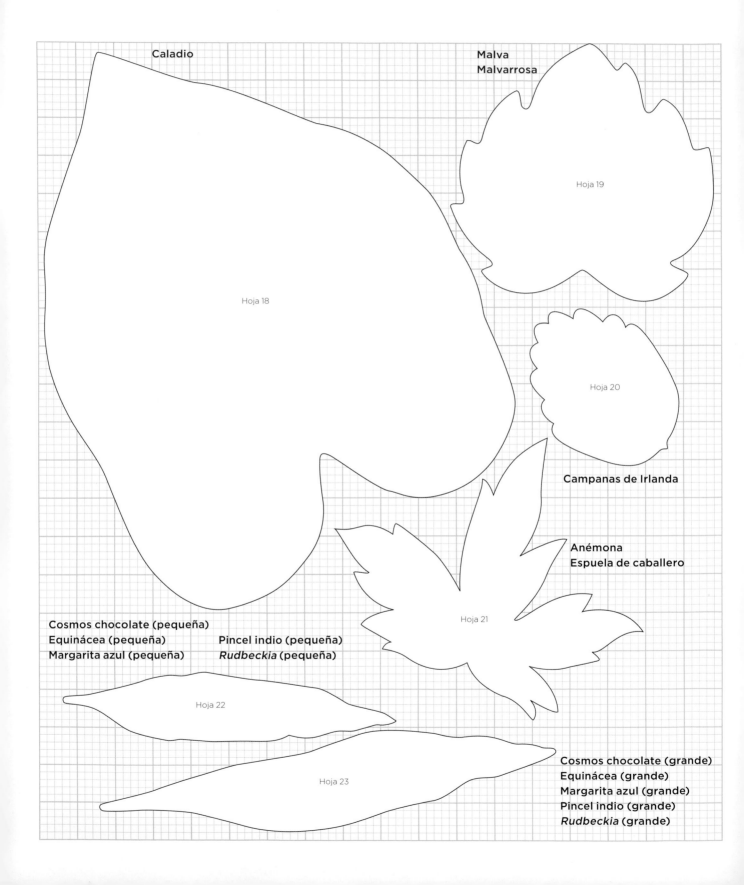

Caladio

Malva
Malvarrosa

Hoja 19

Hoja 18

Hoja 20

Campanas de Irlanda

Anémona
Espuela de caballero

Hoja 21

Cosmos chocolate (pequeña)
Equinácea (pequeña)   Pincel indio (pequeña)
Margarita azul (pequeña)   *Rudbeckia* (pequeña)

Hoja 22

Cosmos chocolate (grande)
Equinácea (grande)
Margarita azul (grande)
Pincel indio (grande)
Rudbeckia (grande)

Hoja 23

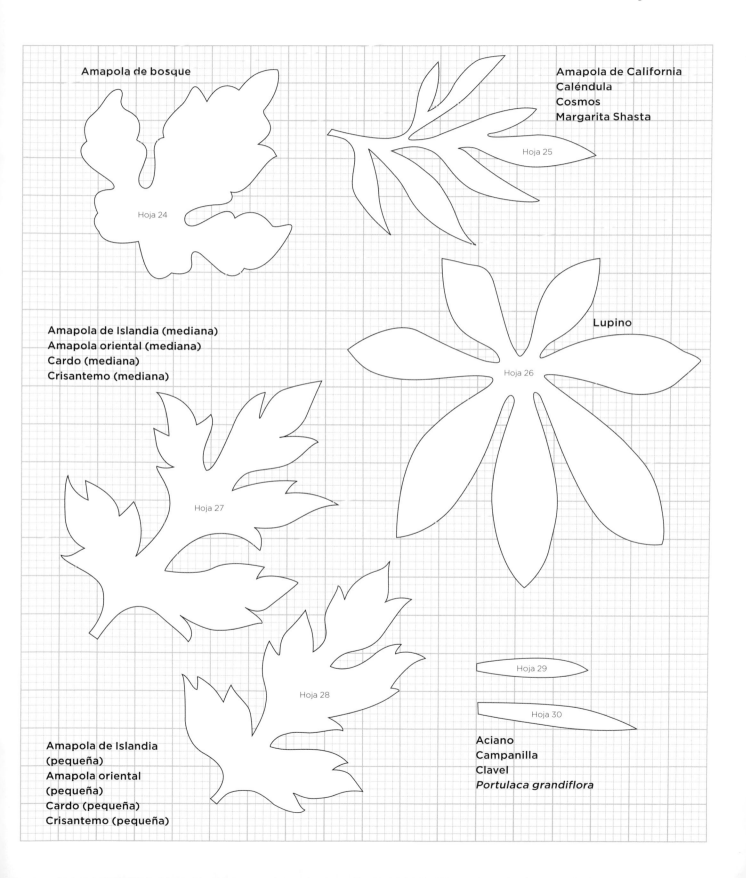

Amapola de bosque

Amapola de California
Caléndula
Cosmos
Margarita Shasta

Hoja 24

Hoja 25

Amapola de Islandia (mediana)
Amapola oriental (mediana)
Cardo (mediana)
Crisantemo (mediana)

Lupino

Hoja 26

Hoja 27

Hoja 28

Hoja 29

Hoja 30

Amapola de Islandia
(pequeña)
Amapola oriental
(pequeña)
Cardo (pequeña)
Crisantemo (pequeña)

Aciano
Campanilla
Clavel
Portulaca grandiflora

Plantillas

Filodendro

Hoja 31

Hoja 32

Ranúnculo (pequeña)

Hoja 33

Ranúnculo (grande)

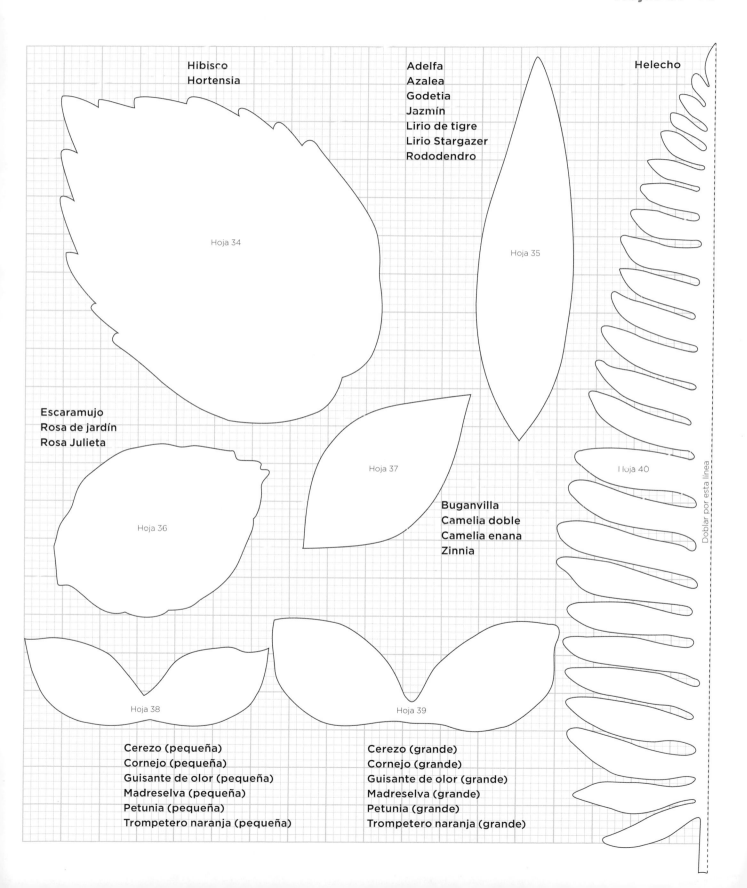

Hibisco
Hortensia

Adelfa
Azalea
Godetia
Jazmín
Lirio de tigre
Lirio Stargazer
Rododendro

Helecho

Hoja 34

Hoja 35

Escaramujo
Rosa de jardín
Rosa Julieta

Hoja 37

Hoja 36

Buganvilla
Camelia doble
Camelia enana
Zinnia

Hoja 40

Doblar por esta línea

Hoja 38

Hoja 39

Cerezo (pequeña)
Cornejo (pequeña)
Guisante de olor (pequeña)
Madreselva (pequeña)
Petunia (pequeña)
Trompetero naranja (pequeña)

Cerezo (grande)
Cornejo (grande)
Guisante de olor (grande)
Madreselva (grande)
Petunia (grande)
Trompetero naranja (grande)

Plantillas

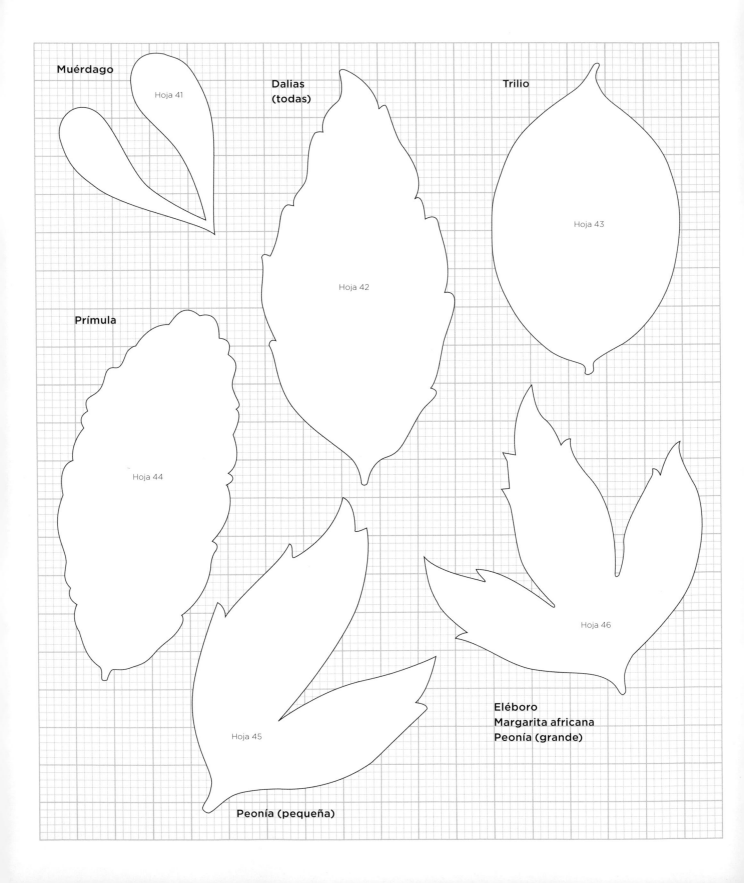

Muérdago

Hoja 41

Dalias
(todas)

Hoja 42

Trilio

Hoja 43

Prímula

Hoja 44

Hoja 46

Hoja 45

Eléboro
Margarita africana
Peonía (grande)

Peonía (pequeña)

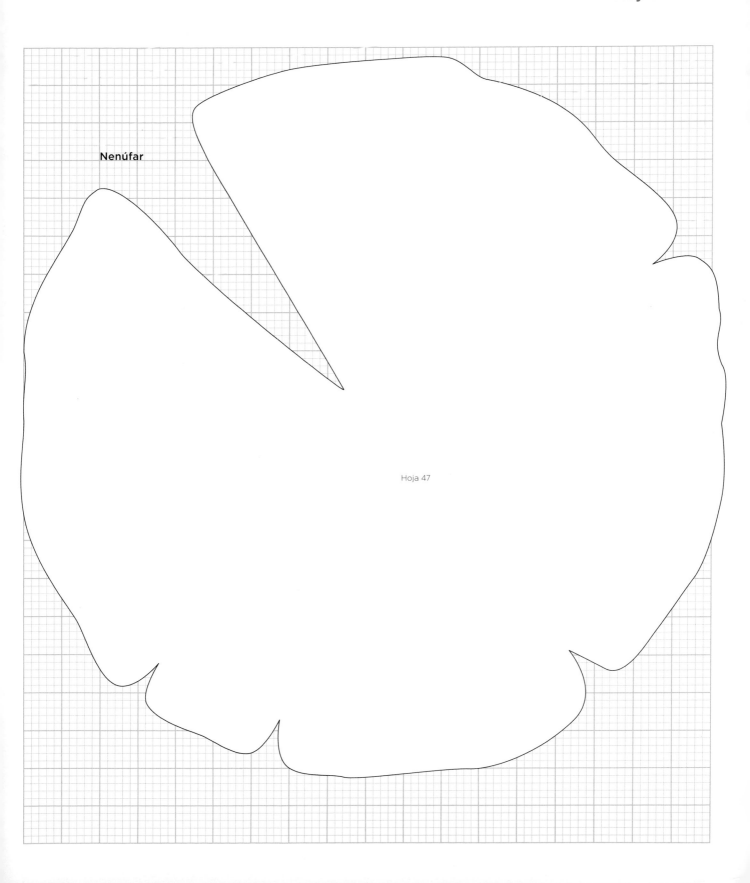

Nenúfar

Hoja 47

Plantillas

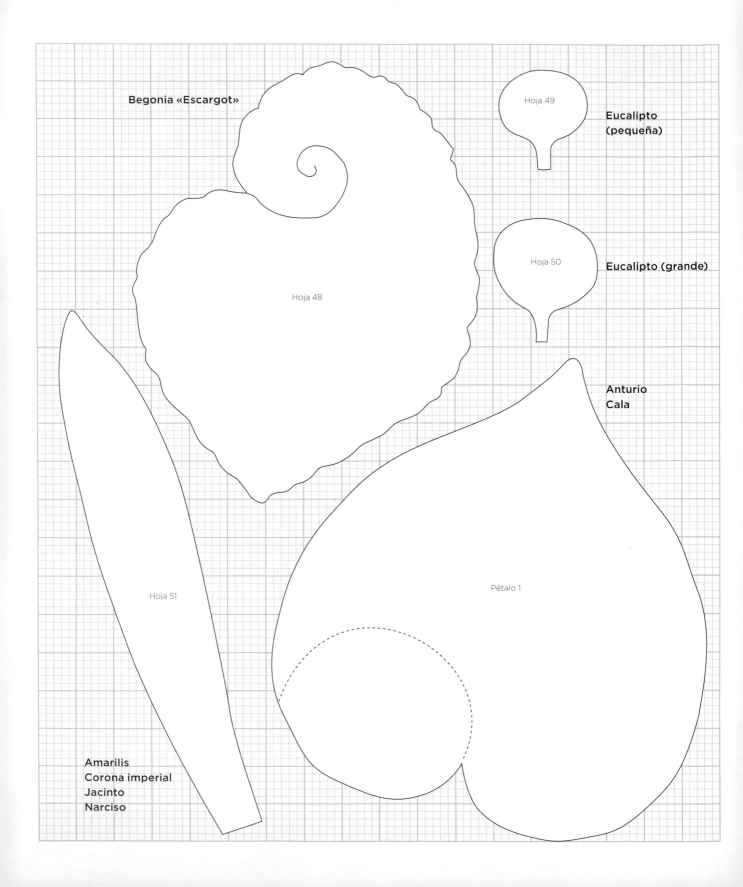

Begonia «Escargot»

Hoja 49

Eucalipto
(pequeña)

Hoja 50

Eucalipto (grande)

Hoja 48

Anturio
Cala

Hoja 51

Pétalo 1

Amarilis
Corona imperial
Jacinto
Narciso

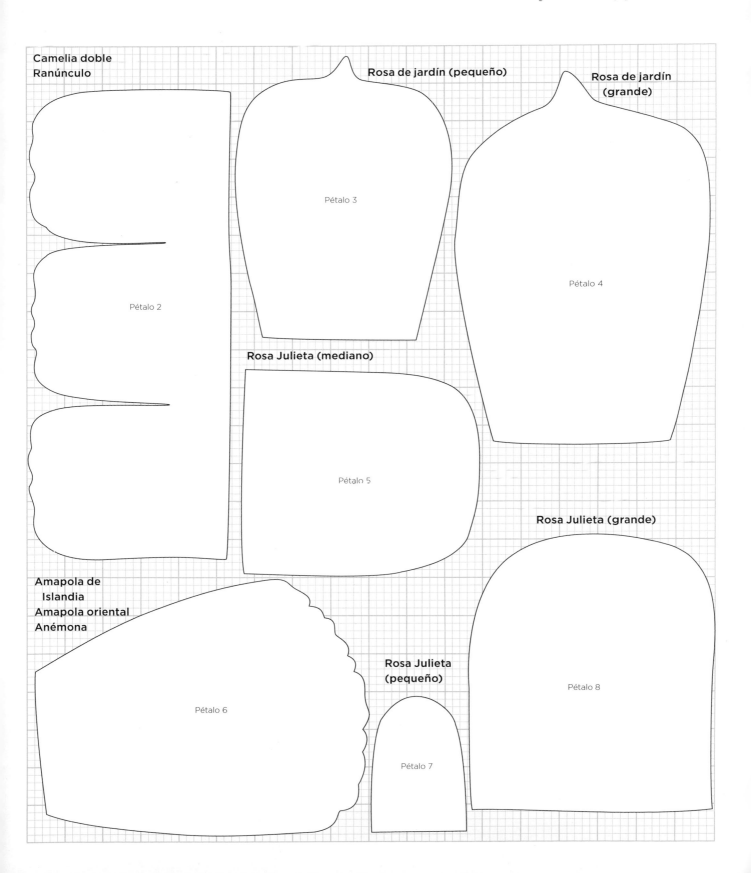

Camelia doble
Ranúnculo

Rosa de jardín (pequeño)

Pétalo 3

Rosa de jardín (grande)

Pétalo 4

Pétalo 2

Rosa Julieta (mediano)

Pétalo 5

Rosa Julieta (grande)

Amapola de
Islandia
Amapola oriental
Anémona

Pétalo 8

Rosa Julieta (pequeño)

Pétalo 6

Pétalo 7

Plantillas

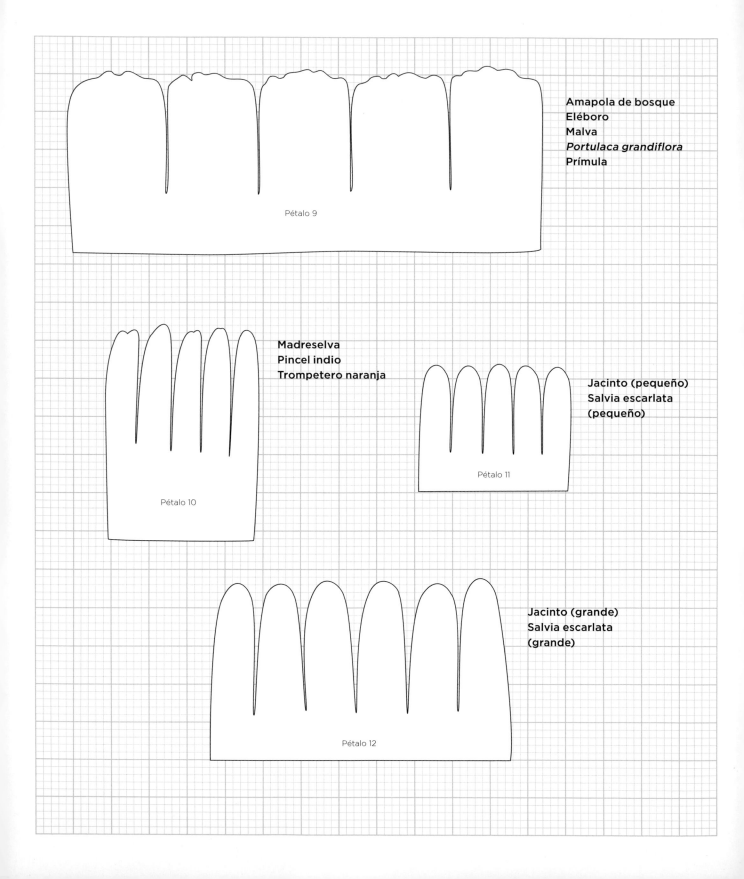

Amapola de bosque
Eléboro
Malva
Portulaca grandiflora
Prímula

Pétalo 9

Madreselva
Pincel indio
Trompetero naranja

Pétalo 10

Jacinto (pequeño)
Salvia escarlata
(pequeño)

Pétalo 11

Jacinto (grande)
Salvia escarlata
(grande)

Pétalo 12

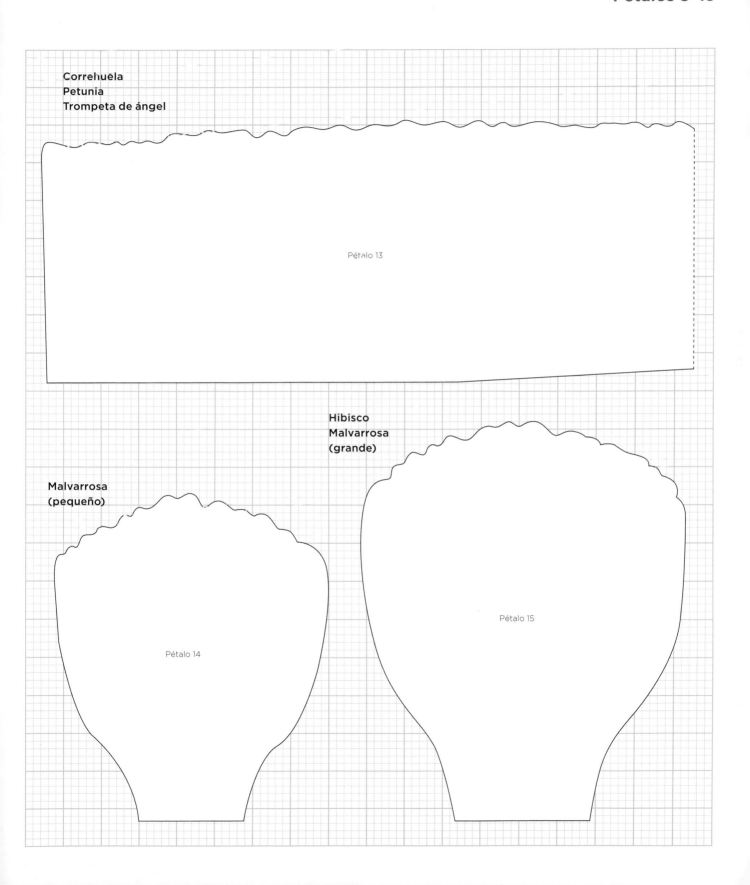

Correhuela
Petunia
Trompeta de ángel

Pétalo 13

Hibisco
Malvarrosa
(grande)

Malvarrosa
(pequeño)

Pétalo 15

Pétalo 14

Plantillas

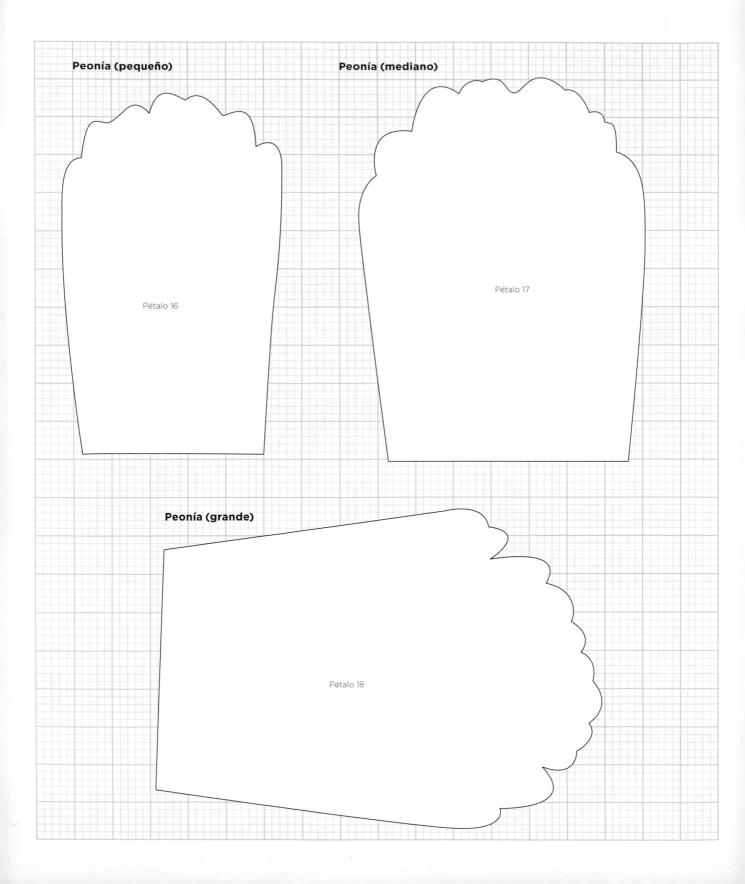

Peonía (pequeño)

Pétalo 16

Peonía (mediano)

Pétalo 17

Peonía (grande)

Pétalo 18

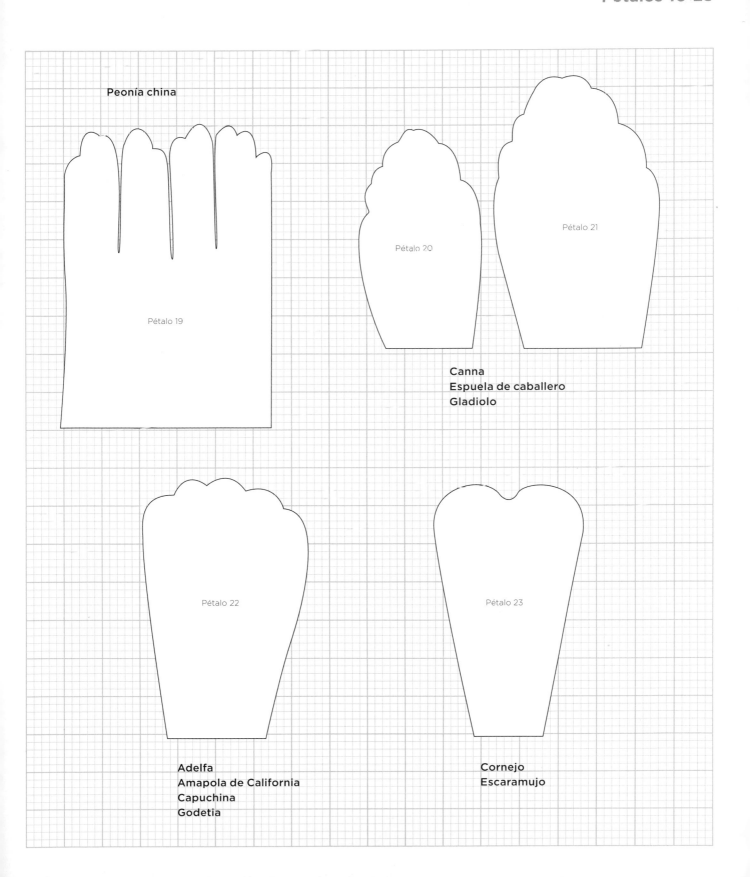

Peonía china

Pétalo 19

Pétalo 20

Pétalo 21

Canna
Espuela de caballero
Gladiolo

Pétalo 22

Pétalo 23

Adelfa
Amapola de California
Capuchina
Godetia

Cornejo
Escaramujo

Plantillas

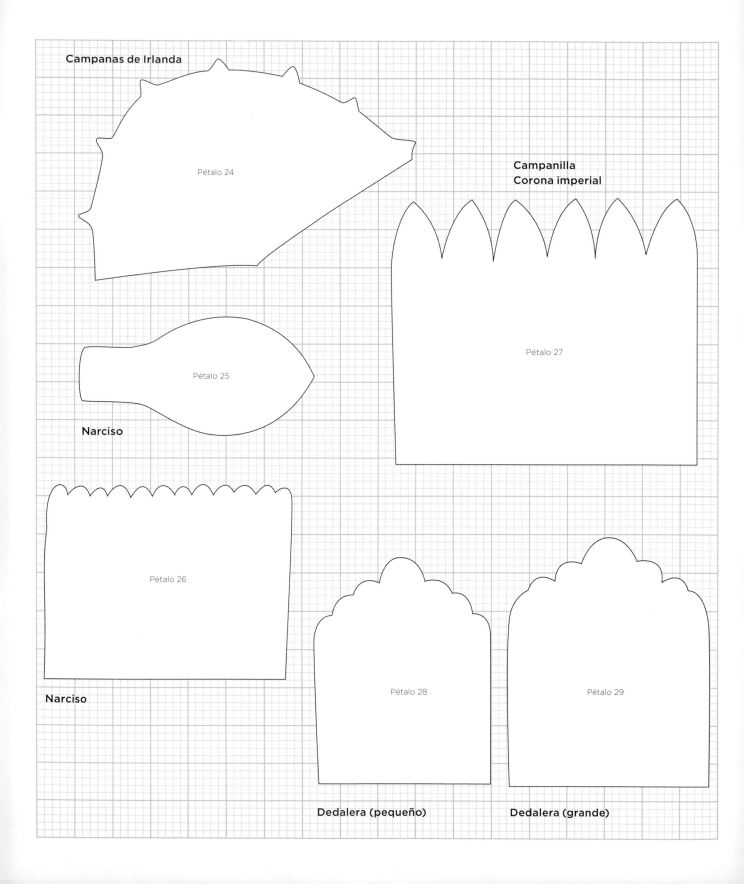

Campanas de Irlanda

Pétalo 24

Campanilla
Corona imperial

Pétalo 27

Pétalo 25

Narciso

Pétalo 26

Narciso

Pétalo 28

Pétalo 29

Dedalera (pequeño)

Dedalera (grande)

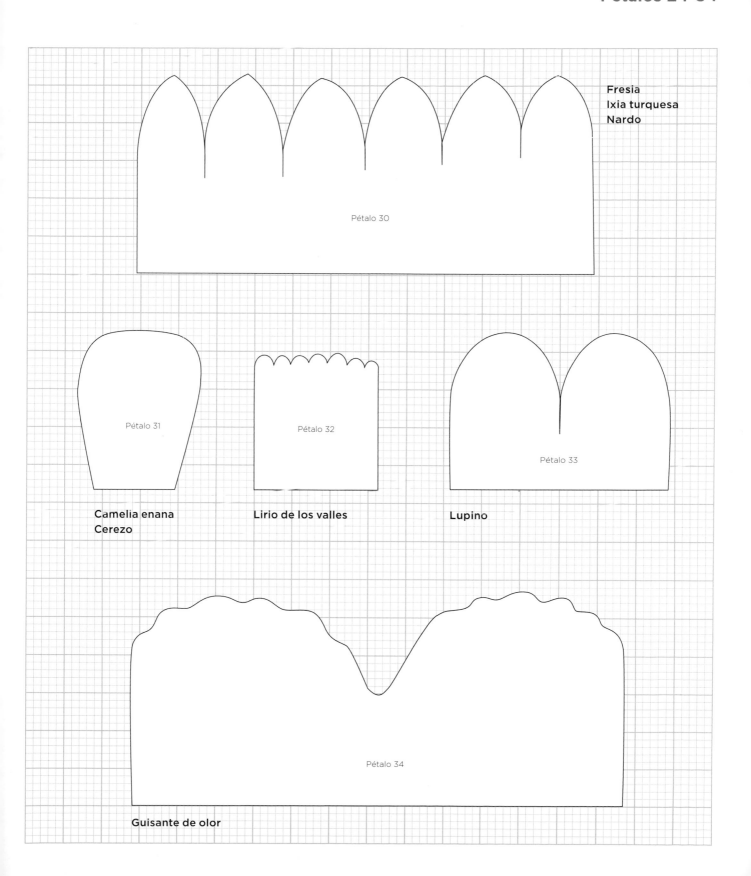

Fresia
Ixia turquesa
Nardo

Pétalo 30

Pétalo 31

Camelia enana
Cerezo

Pétalo 32

Lirio de los valles

Pétalo 33

Lupino

Pétalo 34

Guisante de olor

Plantillas

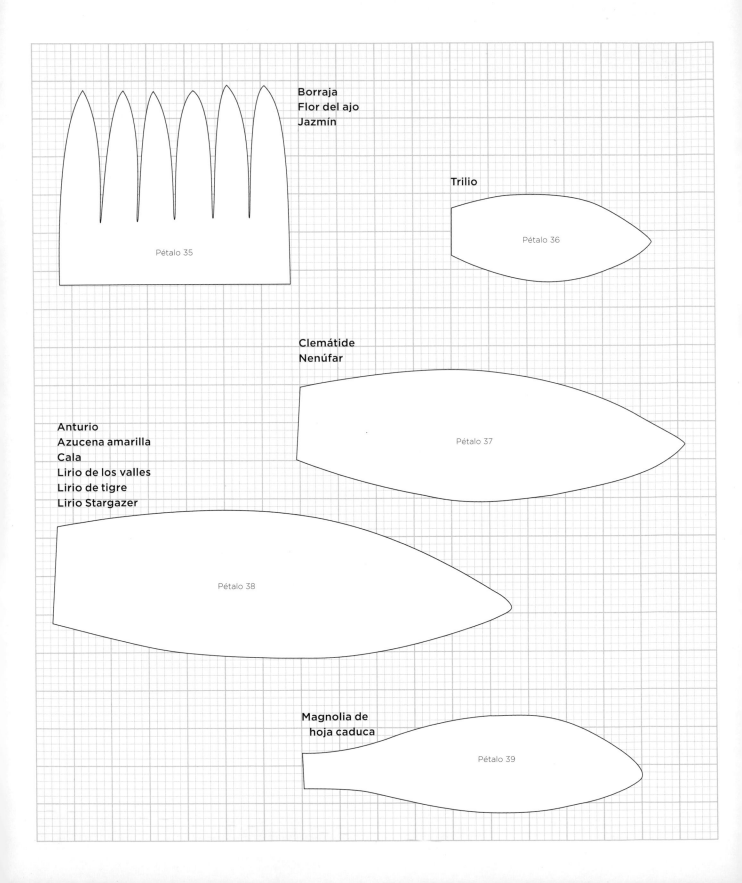

Borraja
Flor del ajo
Jazmín

Pétalo 35

Trilio

Pétalo 36

Clemátide
Nenúfar

Pétalo 37

Anturio
Azucena amarilla
Cala
Lirio de los valles
Lirio de tigre
Lirio Stargazer

Pétalo 38

Magnolia de
hoja caduca

Pétalo 39

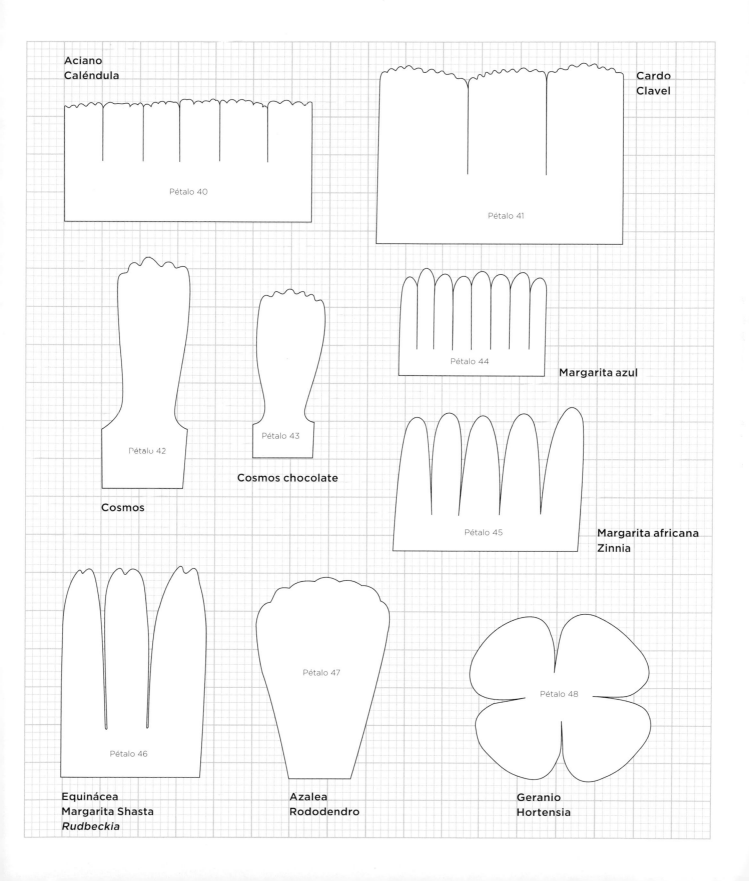

Aciano
Caléndula

Pétalo 40

Cardo
Clavel

Pétalo 41

Pétalo 42

Cosmos

Pétalo 43

Cosmos chocolate

Pétalo 44

Margarita azul

Pétalo 45

Margarita africana
Zinnia

Pétalo 46

Equinácea
Margarita Shasta
Rudbeckia

Pétalo 47

Azalea
Rododendro

Pétalo 48

Geranio
Hortensia

Plantillas

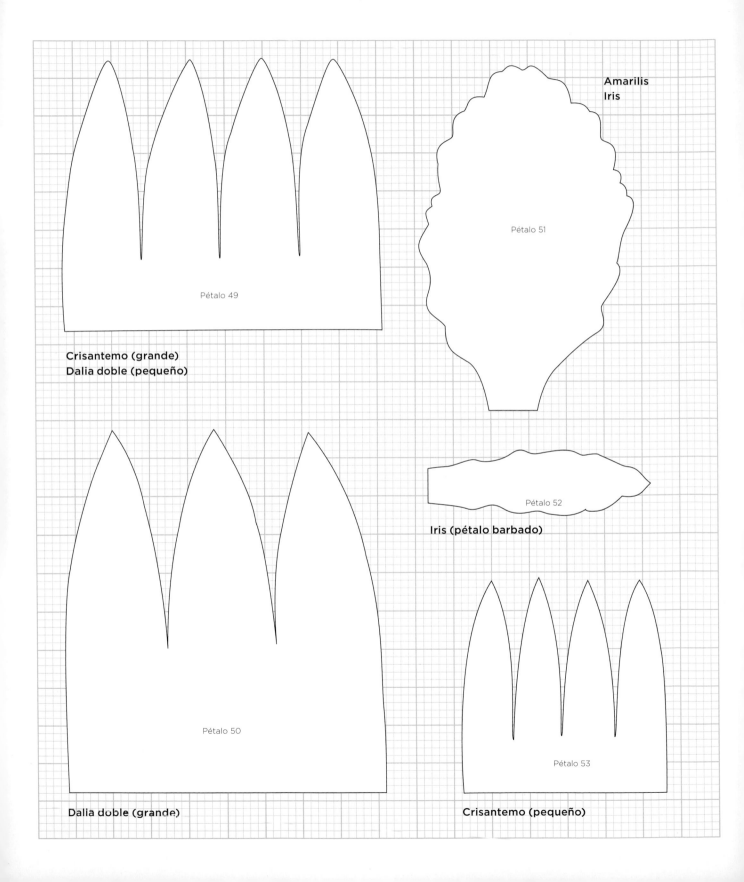

Pétalo 49

Crisantemo (grande)
Dalia doble (pequeño)

Amarilis
Iris

Pétalo 51

Pétalo 52

Iris (pétalo barbado)

Pétalo 50

Dalia doble (grande)

Pétalo 53

Crisantemo (pequeño)

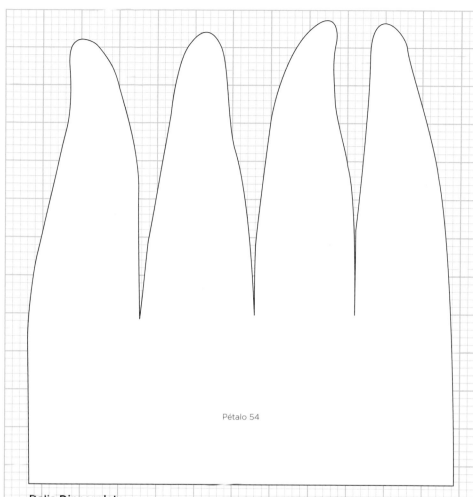

Pétalo 54

Dalia Dinnerplate

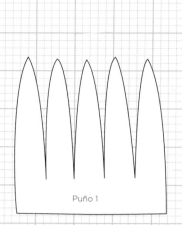

Puño 1

Rosa de jardín
Rosa Julieta

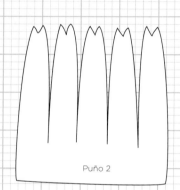

Puño 2

Escaramujo

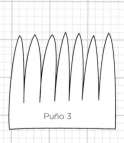

Puño 3

Borraja

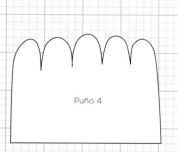

Puño 4

Capuchina
Espuela de caballero

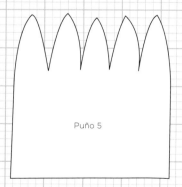

Puño 5

Adelfa
Malvarrosa

Índice

Agradecimientos de la autora

Me gustaría dedicar este libro
a la querida memoria de mi madre,
Diane Elam. ¡Estaría muy contenta,
orgullosa y entusiasmada! Quiero
dar las gracias a mi padre, Neal Elam;
a mi hermana, Kate Elam, y a mi pareja,
Evan Glasstetter, por su amor, su apoyo
y sus ánimos durante todo el proceso.
Y a mis amigos y mi familia por ser
los mejores seguidores que nadie
podría desear. Gracias a Grace Bonney,
de Design*Sponge, por darme la
primera oportunidad que me abrió
la puerta de este mundo. También
quiero dar las gracias a Jennifer Tran,
Tiffanie Turner y Kate Alarcon por su
ayuda con las flores, por sus amables
palabras de apoyo y por su disposición
a compartir consejos creativos
conmigo. Y gracias a todos los que
han hecho posible que esto ocurra;
¡sois el equipo más maravilloso,
experto, amable y paciente
que podría desear!

Kelsey Elam

Agradecimientos de la editora

La editora desea dar las gracias a las
siguientes personas y organizaciones
por su amable permiso para reproducir
las imágenes de este libro. Hemos
realizado todos los esfuerzos posibles
para mencionar a los autores de las
imágenes; en caso de omisiones no
intencionadas, pedimos disculpas.

Las ilustraciones son de Evelin Kasikov.

Las fotografías son de Neal Grundy,
a menos que se indique otra cosa.

Kelsey Elam: 158-165.
Shutterstock: /Africa Studio: 116 sd;
/Garsya: 116 cd; /LightSecond: 118 d;
/Marques: 117 iz; /Moolkum: 117 id;
/Nils Z: 119 sd; /ra3rn: 116 iiz;
/Lyudmila Suvorova: 117 sd.

Gracias a Abigail's Drapery, Lewes,
Reino Unido, por prestarnos
amablemente parte del material.